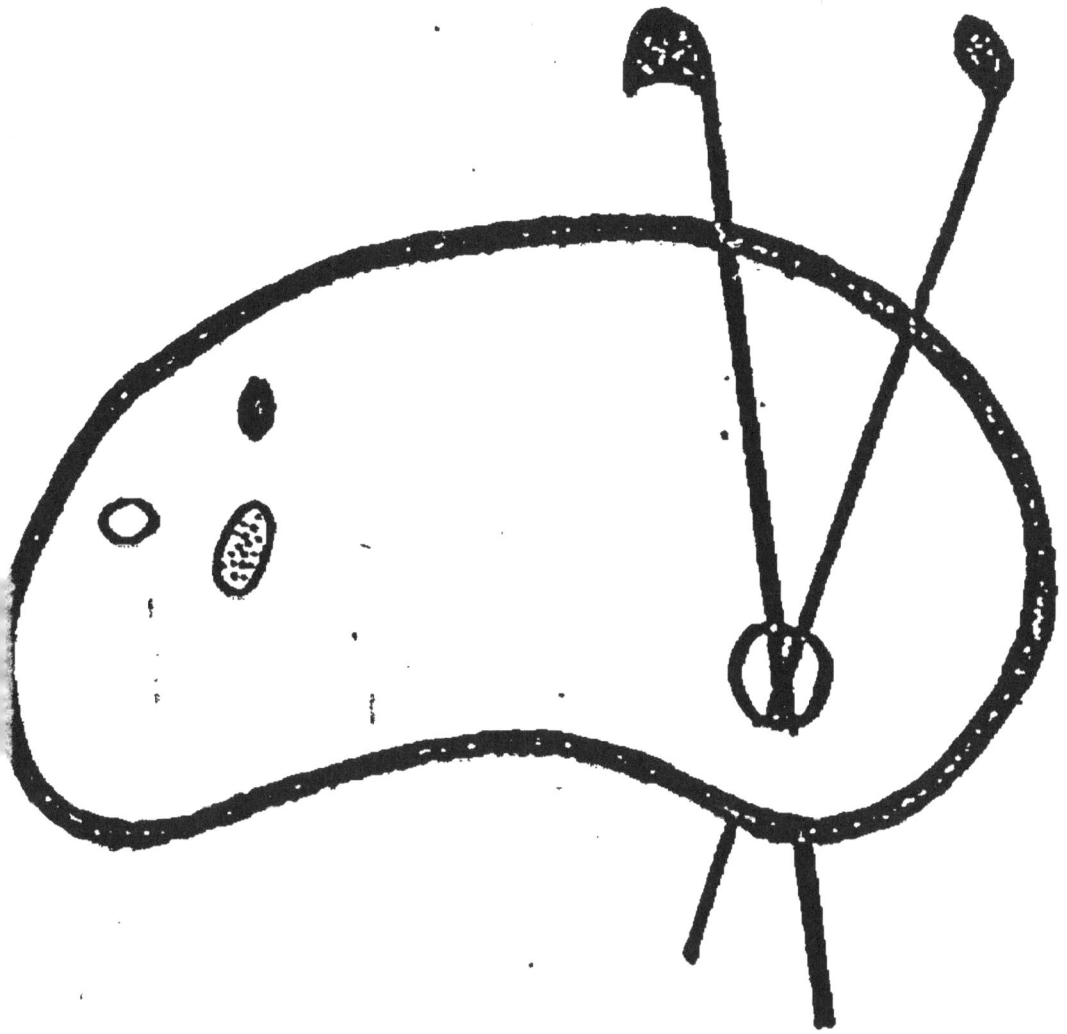

COUVERTURE SUPERIEURE ET INFERIEURE EN COULEUR

HISTOIRE

DE LA

RÉVOLUTION

EN AUVERGNE

PAR

M. JEAN-BAPTISTE SERRES

TOME IV

EXTERMINATION DE LA NOBLESSE (Suite)

SAINT-AMAND (Cher)

IMPRIMERIE SAINT-JOSEPH
Rue du Pont-du-Cher.

PARIS

VIC ET AMAT, LIBR.-ÉDITEURS
11, Rue Cassette.

1895

DU MÊME AUTEUR

En vente chez M. KOSSMANN, libraire à Mauriac (Cantal).

HISTOIRE DE LA RÉVOLUTION

EN AUVERGNE

HISTOIRE

DE LA

RÉVOLUTION

EN AUVERGNE

PAR

M. JEAN-BAPTISTE SERRES

TOMÉ IV

EXTERMINATION DE LA NOBLESSE (Suite)

SAINT-AMAND (Cher)
MPRIMERIE SAINT-JOSEPH
Rue du Pont-du-Cher.

PARIS
VIC ET AMAT, LIBR.-ÉDITEURS
11, Rue Cassette.

1895

ERRATA DU III° VOLUME

Page 3. — Contre *le patrimoine, de considérations,* lisez : *patrimoine de considérations,* pas de virgule.

Page 134. — Le château de *Chabannes.* J'ai donné au château dont on voit les ruines près de Madic, le nom de son propriétaire, de Chabannes. On me fait observer que ce château n'a jamais porté le nom *de Chabannes,* mais celui de : *Château de Madic.*

Page 134. — Laissant une veuve et *quatre* enfants, lisez : *cinq* enfants.

Page 135. — de *Doulcet de Rommange,* lisez : *Romananges.*

Page 137. — *laissant trois fils,* ajoutez : *et trois filles.*

Page 161. — *Madame la duchesse d'Ayen,* Lisez : *Madame la maréchale de Noailles.*

UNE EXPLICATION

— *Extermination de la noblesse.* Un critique de renom n'approuve pas l'expression : *Extermination de la noblesse.* « La noblesse, écrit-il, dans la *Semaine de Saint-Flour*, n'a pas été *exterminée;* la preuve, c'est que presque tous les noms inscrits dans *ce livre d'or*, sont encore portés par des descendants de ceux dont il nous raconte les souffrances inouïes ou la glorieuse mort. Le mot : *extermination de la noblesse* nous semble donc impropre, exagéré, disant beaucoup, plus que ne renferme le livre. »

N'en déplaise à mon éminent contradicteur, je maintiens mon expression ; elle est exacte, vraie.

Avant la Révolution, la noblesse était un corps social, un ordre à part, ayant des droits particuliers, des privilèges, des assemblées.

Or, ce corps, cet ordre, où est-il aujourd'hui dans la société moderne ? Il n'est nulle part ; il a été anéanti, *exterminé.*

Je dis même: *il n'y a plus de nobles* et je dis vrai. Autrefois le noble était un personnage distinct des autres sujets du roi ; il avait des privilèges, des droits, des armoiries, une justice, un costume différent, il portait l'épée, des habits galonnés, un chapeau à plumes, il avait un château et sur le château une girouette, signe de sa puissance. Il était le seigneur de sa paroisse ou de son village.

Or, cet homme, ce noble, où est-il? je ne le trouve nulle part dans la société moderne, en France du moins. Il a été *exterminé.* Les descendants des anciens nobles existent, mais ils sont de simples *citoyens.* Toute leur noblesse est intrinsèque.

Je dirai plus tard : *Extermination du clergé* et je dirai vrai. Avant la Révolution, le clergé, comme la noblesse, formait un corps particulier dans l'Etat. Ce corps, cet ordre existe-t-il maintenant ? Non. Il a été anéanti, *exterminé*. Il y a peut-être des clercs, il n'y a plus de clergé.

Et même y a-t-il des clercs, des prêtres ? Aux yeux de l'Etat moderne, issu de la Révolution, il n'y en a pas. Celui que l'Eglise catholique appelle prêtre, l'Etat athée ne le considère que comme un simple citoyen, un fonctionnaire, et pas comme une personne ayant un caractère sacré.

LETTRE A L'AUTEUR

Versailles, 5 Août 1895.

« Monsieur l'Abbé,

« J'ai lu avec le plus grand intérêt, les deux premiers volumes de votre *Histoire de la Révolution en Auvergne*, que ma mère m'a envoyés.

« Je sais que vous n'aimez pas les compliments ; je ne peux cependant pas vous dire, pour vous faire plaisir, que votre livre est mauvais, alors que je le tiens pour un des meilleurs, sinon, le meilleur livre d'histoire provinciale que j'ai rencontré ; vos jugements sur cette période agitée sont justes et sains. Ils ne concordent pas avec les légendes qu'on nous a faites au lycée, parce que depuis cette époque, tout ce qui a peu ou prou trempé dans la Révolution, princes, grands ou petits, a eu intérêt à créer ou fortifier la légende, afin de maintenir tout ou partie des principes révolutionnaires. Dans cinquante ans, si personne n'a plus intérêt à soutenir la légende, elle tombera et les idées générales de votre livre seront acceptées.

« Vous avez eu l'heureuse idée dans les premiers chapitres de votre ouvrage, de définir la situation administrative, judiciaire, etc. du pays, et vous avez fourni ainsi au lecteur, des données indispensables et qu'il ignore généralement. Je parie bien, que dans le Cantal, hormi quatre ou cinq érudits, tous vos autres lecteurs, ont, sur ces points, sur les droits seigneuriaux, et la manière dont ils étaient exercés, les idées les plus vagues. J'ai trouvé le livre si intéressant que je l'ai fait lire à M. le marquis de la Ronzière...

« Agréez...

« Baron d'Ussel. »

HISTOIRE
DE LA RÉVOLUTION
EN AUVERGNE

CHAPITRE Ier

EXTERMINATION DE LA NOBLESSE DE SALERS. — PRE-
MIÈRES ATTAQUES.

La marée montante des flots révolutionnaires
n'allait pas seulement frapper les murs des châteaux
isolés dans les campagnes, sur les hauteurs, mais
encore elle battait en brèche les maisons seigneuriales
des villes. Ici comme là, la démagogie fatiguait les
nobles de ses tracasseries haineuses, les pourchassait
avec acharnement, les assiégeait à main armée.

Les administrations, aussi bien que les sans-culottes
du voisinage, ne leur laissaient aucun repos. Dans
tous les actes publics, dans tous les incidents de la
vie, en toutes circonstances, la noblesse était traitée en
ennemie. On l'éloignait de toutes les fonctions sociales,

de tous les postes. C'était partout une malveillance raffinée, une volonté obstinée de la vexer, de l'opprimer, de l'anéantir. Partout des coups d'épingles et même des coups de poignard. On la surveillait, on la tourmentait jusque dans sa vie intime ; on lui enlevait la faculté d'aller et de venir ; elle était claquemurée dans ses maisons et, si elle s'échappait, on la poursuivait à coup de fusil ; une fois partie, on confisquait ses biens.

C'est là l'histoire de la noblesse de Salers.

Salers, petite ville d'environ douze cents habitants, bâtie sur un roc basaltique, en pleines montagnes, avec ses maisons en amphithéâtre, ses portes ogivales, ses clochetons aigus, offre un aspect qui vous plaît et vous transporte au moyen âge.

Là, au commencement de la Révolution, brillait une noblesse nombreuse : les familles de Raffin, de Roquemaurel, de Chazettes de Bargues, de Laronade, de Pons-la-Bastide, de Longevialle, de Peyral de Jugeals, de Ferrière-Sauvebœuf, etc., donnaient au pays le spectacle d'une fière aristocratie, laquelle, mêlée aux magistrats du Bailliage, faisait de Salers une ville brillante, un centre d'affaires considérable.

La famille de Raffin de La Raffinie était représentée, en 1789, par deux frères : Pierre-Gabriel aîné, garde de corps du roi, et Jean-Marie, époux de Marie-Isabeau Lescurier de Fournol.

Les de Roquemaurel avaient pour chef, à cette époque, le comte Jean-Claude Lanoaille de Roquemaurel. Quatre membres de cette famille sont portés sur la liste des émigrés du Cantal ; l'un d'eux signa l'acte de coalition de la noblesse d'Auvergne. La comtesse de Roquemaurel était une demoiselle de Peyral de Jugeals.

Les de Peyral de Jugeals étaient seigneurs de Jugeals en Limousin, de Saint-Illide et de Saint-Cernin en Haute-Auvergne. Un membre de cette famille signa l'acte de coalition de la noblesse d'Auvergne ; trois autres, possessionnés dans la Corrèze, sont portés sur la liste des émigrés de ce département.

La famille de Chazette de Bargues était représentée par Anne de Pons-Lachau, veuve de Bargues, et ses quatre enfants : Thérèse, Marguerite, veuve Laserre, Antoine, ancien officier, époux de mademoiselle Espinasse, et autre Antoine, officier dans l'armée depuis plus de vingt ans. Ce dernier est porté sur la liste des émigrés du Cantal.

Sur cette même liste sont inscrits Charles-Henri Pons de La Bastide, ci-devant garde de corps, et Jean-Sébastien, chevalier de Longevialle, également ci-devant garde de corps, tous les deux possessionnés à Salers.

Les de Laronade occupèrent, pendant plus d'un

siècle, les premières charges du Bailliage de Salers, telles que celles de lieutenant-général et de lieutenant-particulier.

Le comte Antoine-André, de Laronade, capitaine au régiment de Flandre, avait épousé, à Barcelone, en 1764, dona Marguerite de Tournier, demoiselle espagnole. Quand vint la tourmente révolutionnaire, le comte de Laronade était mort. Il laissait une veuve et deux enfants, Louis et Antoine, qui tous deux émigrèrent.

Madame la comtesse, veuve de Laronade, jouissait à Salers d'une excellente réputation ; elle l'avait acquise par ses vertus et ses qualités naturelles. Les douleurs que lui apporta la Révolution ne firent que rehausser l'éclat de sa noblesse et la beauté de son caractère, tout en la préparant à une tragique immolation.

La famille de Ferrière-Sauvebœuf habitait le château de Leybros, dans la paroisse de Saint-Bonnet de Salers et avait son tombeau dans l'église de ce lieu. Son chef, en 1789, était François de Ferrière, marquis de Sauvebœuf, seigneur de Saint-Bonnet, capitaine dans le régiment d'Artois-cavalerie. Ce seigneur, quelque temps avant la Révolution, avait vendu Leybros à M. Tissandier d'Escout, et depuis il habitait plus fréquemment sa propriété d'Arnac, paroisse de Nonnars en Limousin. Il avait une fille, Gabrielle-

Marguerite, qui était religieuse au couvent de Coyrou, près d'Obazine, entre Tulle et Brive. Chassée de son couvent elle vint chercher asile à Salers auprès de Louise-Hélène de Ferrière, plus connue sous le nom de Madame de Saint-Bonnet, qui, sans doute, était sa tante.

On trouve encore, résident à Salers pendant la période révolutionnaire, un autre membre de la même famille. Léonarde de Ferrière de Sauvebœuf. Ces trois dames de Sauvebœuf furent longtemps retenues pendant la Terreur dans les prisons de Salers et de Mauriac.

Le marquis de Sauvebœuf est porté sur la liste des émigrés du Cantal.

Avant la Révolution, la noblesse et la bourgeoisie de Salers vivaient en bonne intelligence et contractaient entre elles des alliances fréquentes. La Révolution détruisit cette harmonie et alluma entre ces deux classes une guerre d'extermination, dans laquelle la noblesse succomba.

Sans doute l'esprit révolutionnaire pénétra difficilement dans la tête des populations paisibles et chrétiennes de cette contrée montagneuse, mais il pénétra enfin, et l'on vit bientôt apparaître quelques-unes de ces personnalités funestes qui sont le déshonneur et le malheur d'un pays. Nommons tout de suite Salsac et les deux frères Valette. Ils n'étaient pas les seuls, mais ils marchaient à la tête de cette bande de fripons qui, pendant cinq ans, terrorisa Salers et le pays.

De bonne heure, les citoyens honnêtes, les paisibles paysans, les nobles, les prêtres, furent en butte aux espionnages, aux dénonciations, aux rapines de ces scélérats qui mettaient la main dans le sac et qui bientôt la mirent dans le sang. La première municipalité de Salers, nommée d'après les lois nouvelles, était composée d'hommes modérés, ennemis des violences et des emportements ; mais bientôt, poussée, excitée par les têtes chaudes du pays, elle s'imprégna du virus révolutionnaire et prit vis à vis de la noblesse et du clergé une attitude hostile.

Les nobles sont chassés de toutes les fonctions publiques. M. de Raffin était maire de Salers ; c'était un noble, il dut se retirer en janvier 1791 et céder sa place au citoyen Guillaume Rongier, notaire, qui n'était pas de la noblesse celui-là, mais homme des idées nouvelles. Il administra la commune de Salers pendant quatre ans, durant la crise aiguë de l'ère révolutionnaire.

M. de Roquemaurel avait été élu chef de la garde nationale lorsqu'elle fut organisée. Il donna sa démission, dégoûté des mauvais procédés dont il était l'objet.

Le nouveau tribunal du District de Mauriac, séant à Salers, fut installé le 4 janvier 1791. Les juges étaient :

Lescurier, lieutenant-général du ci-devant Bailliage et député à l'Assemblée nationale, président.

Charles Demurat, de Menet, qui, peu de temps après, se démit et fut remplacé par Paulin Duclaux, second juge.

Nicolas Mirande, de Mauriac, troisième juge.

Joseph Mailhes, de Salers, quatrième juge.

François Pons, de Salers, cinquième juge.

Delzangle, de Faussange, commissaire du roi.

Jacques Gaubert Dolivier, accusateur public provisoire.

Raymond Basset, greffier.

Dans ce nombre, on le voit, ne paraît aucun membre de la noblesse de Salers. C'était une tactique, il fallait éliminer de la société cette classe d'hommes. L'installation de ces juges fut le dernier acte de M. de Raffin comme maire.

Non seulement on éloigne les nobles de toute fonction publique, mais encore on surveille leur conduite, on suspecte leurs intentions, on leur prête des desseins perfides.

Dans la séance du 22 janvier 1791, un membre du conseil muniçicipal donne lecture d'une lettre du Directoire de Mauriac, datée du 19 décembre 1790 (1), laquelle ordonne aux autorités de Salers de surveiller

(1) Voir cette lettre aux Pièces justificatives n° 1.

les ci-devant nobles et autres personnes suspectes. »
Désormais donc, que les nobles se tiennent sur leurs
gardes ; ils sont avertis ; la malveillance les a signalés ;
l'envie les couvre de ses convoitises.

Le même jour on fait lecture d'une autre lettre du
Directoire de Mauriac par laquelle les administrateurs
du District demandent les noms, prénoms, l'âge des
nobles de Salers, le jour de leur départ, ainsi que les
propos qu'ils ont tenus ou qu'ils tiennent (1).

Le lendemain, 23 janvier, le conseil municipal de
Salers répond au Directoire de Mauriac « qu'à la
vérité, des bruits de contre-révolution se sont répandus à Salers, mais qu'ils n'ont pas eu d'écho, qu'il n'y
a pas eu de départ de nobles, ni mouvement anti-ré-
volutionnaire de leur part ; que M. de Laronade, encore mineur, et madame sa mère et tutrice, s'étaient
absentés, mais qu'ils sont rentrés depuis quelques
jours dans leur maison d'où ils ne se sont plus absentés,
pas plus que M. de Laronade aîné (2). »

Le surlendemain, 25 janvier. Rongier, maire, fait
porter, par son conseil municipal, un arrêté qui ordonne aux nobles de faire disparaître leurs armoiries
que l'on voit à l'extérieur de leurs maisons ou qui se
trouvent dans les églises, les chapelles et autres lieux
publics.

(1) Voir cette lettre aux Pièces justificatives n° 1.
(2) Registre de la municipalité de Salers.

M. de Raffin refuse de faire effacer ses armoiries qui existent dans la chapelle de Notre-Dame de Lorette, disant que c'est une chapelle domestique, appartenant à sa famille. M. de Roquemaurel refuse également de détruire les armoiries qui sont dans l'église paroissiale, où elles avaient été placées par M. Mathieu de Mathieu, oncle de sa femme, curé de la ville.

Plusieurs autres refusèrent sous divers prétextes.

Quelque peu décontenancée par cette résistance, la municipalité de Salers consulte le Directoire du District ; celui-ci répond que la loi doit avoir son plein effet à Salers comme partout ailleurs.

Malgré ces arrêtés, en plusieurs endroits de la ville, les armoiries restèrent intactes. Les nobles font les récalcitrants, on saura bien les réduire ; on brisera leurs amoiries, on dévalisera leurs châteaux, on coupera la tête à quelques-uns.

Au secours de la municipalité en lutte avec la noblesse et aussi avec le clergé, comme nous le dirons ailleurs, accourent les exaltés de Salers. Par acte signé le 2 février 1791 et approuvé par la municipalité le 4 du même mois, ils se constituent en société, dite des *Amis de la Constitution*. Ce fut là un nouvel attirail de guerre. Ces amis de la Constitution, bientôt renforcés par le *Comité de surveillance* et ayant à leur disposition la garde nationale disposée à tout faire, ne montrent pas peu d'ardeur à faire exécuter les lois de proscription contre les nobles et les prêtres.

Ainsi peu à peu la ville de Salers change de face, elle subit bon gré mal gré les idées nouvelles, se divise en deux camps : celui des révolutionnaires et celui des aristocrates. En février on exige des prêtres un serment schismatique ; ils le refusent tous ; dès lors ils sont poursuivis, chassés de leurs églises, hués dans les chemins, claquemurés dans leurs maisons ; de même que les nobles, ils disparaissent de la vie publique.

Le peuple gémissait de cet état de choses ; il ne manquait jamais l'occasion de donner des preuves de son mécontentement et de son aversion.

Dans la nuit du 2 au 3 juin 1791, des gardes nationaux, qui passaient dans la ville, faillirent être assommés à coups de pierres. Furieux, les sans-culottes soulevèrent ciel et terre pour découvrir les coupables ; ne pouvant y parvenir et pour se venger, ils font porter un arrêté qui ordonne aux nobles de monter la garde pendant la nuit.

Offensés de ce qu'ils avaient été chassés de toutes les administrations et des procédés déloyaux qu'on a pour eux, les nobles refusent la corvée qu'on veut leur imposer. Le comte de Roquemaurel donne pour raison de son refus « qu'il s'était purgé le matin » ; M. de Raffin cadet « dit que lorsqu'on avait nommé les officiers de la garde nationale, il n'avait été appelé en rien et qu'il se laisserait plutôt écorcher que de monter la garde. »

De Bargues, Pons de La Bastide, le chevalier de Longevialle répondent par écrit « qu'ils ne monteront pas la garde, parce qu'ils ne font pas partie de la garde nationale, où ils n'avaient pas été admis, la municipalité ne s'étant pas souciée de leur offre de service. »

De Raffin aîné, de Laronade, Bertrandy cadet, donnent aussi les raisons de leur refus.

A la nouvelle de ce refus général, le procureur de la commune, dans un discours violent, en pleine séance, demande que les refusants, ces vils aristocrates, soient rayés de la liste des citoyens actifs. Cette motion est transformée en arrêté et l'arrêté est mis en exécution.

Lorsque le roi, voyant sa vie menacée, s'échappa de Paris dans la nuit du 20 au 21 juin 1791, la fureur contre les nobles fut à son comble, à Salers comme dans toute la France. On les accusait d'avoir voulu faire évader le roi pour faire la contre-révolution et ramener l'ancien régime. Ils furent partout déclarés suspects et désarmés.

A Salers, la municipalité, dans la séance du 26 juin, porta un arrêté qui ordonnait le désarmement de tous les ci-devant nobles du pays.

En effet, le procureur de la commune, suivi de

quelques agents, fait une tournée dans la ville, pénètre dans les maisons des nobles et enlève fusils, sabres, épées, poudre, tout ce qu'il trouve d'armes et de munitions ; il fait même enlever les girouettes qui flottaient sur les tourelles.

Ainsi traitée, accablée d'outrages, menacée de mort, la noblesse de Salers est à bout de patience ; la vie n'est plus tenable, le séjour de Salers impossible. Alors commença l'émigration. Les nobles du pays disparurent les uns après les autres. Voici les noms des membres de la noblesse de Salers et des paroisses voisines qui sont portés sur la liste des émigrés du Cantal :

1. — Louis-André de Laronade.
2. — Antoine-André de Laronade.
3. — Bertrandy-Antoine, fils.
4. — Jean-Sébastien de Longevialle.
5. — Antoine de Chazettes de Bargues, cadet.
6. — Charles Delmas, chevalier.
7. — Charles-Henri Pons de La Bastide.
8. — Jean-Claude Lanoaille de Roquemaurel.
9. — Gabriel de Raffin.
10. — Jean-Marie de Raffin, celui-ci n'est pas porté sur la liste, mais il est certain qu'il émigra.
11. — François de Ferrière de Sauvebœuf.
12. — Joachim Nicolas de La Farge de La Pierre, paroisse de Saint-Paul de Salers.

13. — Jean-Baptiste-Claire de Montclar, d'Anglard.

14. — Gabriel-Barthélemy-Jean-Antoine Salvage de Lamargé, de Fontanges.

Ces trois derniers n'étaient pas domiciliés dans la commune de Salers, mais dans les paroisses voisines.

Les de La Farge étaient seigneurs de la Pierre et de Récusset dans la paroisse de Saint-Paul. Jean-Elie de La Farge de La Pierre, épousa en 1762 Marguerite de Longevialle, fille d'Antoine de Longevialle et de Marguerite Bardet de Burc. Ces époux avaient dix enfants, dont six garçons ; l'aîné avait 23 ans, le second, Joachim-Nicolas, avait 21 ans ; c'est celui-ci qui émigra, les autres étaient plus jeunes.

Nous avons fait ailleurs l'histoire de la famille de Montclar. La famille de Lamargé, de Fontanges, était représentée, en 1789, par Gabriel Barthélemy Salvage de Lamargé, conseiller à la cour des aides de Clermont. Il émigra, signa l'acte de coalition de la noblesse d'Auvergne, servit dans l'armée de Condé, rentra en France en 1800, et reçut la croix de Saint-Louis en 1814.

CHAPITRE II.

CONFISCATION DES BIENS DE LA NOBLESSE DE SALERS. —
LA BANDE DE DELZON. — VENTE DU MOBILIER. —
UN PRÉTENDU DIVORCE.

Après avoir forcé, par toutes sortes de procédés violents, les nobles à sortir de France, on les dépouillait de leurs biens. La noblesse de Salers eut le sort commun. Dabord ses propriétés, maisons et domaines, furent séquestrées et vendues. Voici les familles dont les propriétés sont portées sur la liste des biens des émigrés, en ces termes :

Charles-Henri Pons de La Bastide possède, à Salers, une maison, un jardin et deux prés; un domaine à Récusset, commune de Saint-Paul, et deux domaines dans la commune de Saint-Bonnet.

Gabriel de Raffin de La Raffinie, l'aîné, possède à Salers une maison et un domaine; un domaine dans la commune de Saint-Bonnet; un autre dans la commune de Fontanges, et un autre appelé Mont, dans la commune de Saint-Remy.

La famille de Laronade possède, à Salers, deux maisons, deux jardins, deux prés et l'enclos appelé Laborie; puis un domaine à Montclar, commune d'Anglard; le domaine de Peu, à Saint-Martin-Valmeroux; celui d'Apcher, à Saint-Paul; celui de Maurio, près de Salers, et celui de Verg, à Fontanges.

Jacques-Sébastien de Longevialle possède à Salers une maison, et à Fontanges une montagne.

Le comte de Roquemaurel possède à Salers deux maisons, à Saint-Projet un domaine et une montagne, dans la commune d'Ytrac, un domaine au village d'Espinassol, à Saint-Vincent, le domaine de Chambon et à Saint-Paul, le domaine de Malrieu.

Antoine de Bargues, cadet, possède à Salers une maison, et à Noux, commune d'Anglard, un domaine avec la montagne appelée Pierrou.

Charles Delmas possède à Anglard le domaine de Pel.

Salvage de Lamargé possède à Fontanges une maison avec enclos, et les domaines de Lamargé et de la Roche, dans la commune de Saint-Projet.

Toutes ces propriétés furent. vendues, en grande partie du moins.

En même temps que la nation vendait les châteaux et les domaines des nobles, elle faisait enlever par des bandes de gardes nationaux, ou de volontaires armés, les chariots, les voitures, les chevaux, les armes, sous prétexte d'approvisionner l'armée. Ces bandes parcouraient le pays et faisaient main-basse sur tout ce qui leur convenait chez les émigrés et chez les suspects.

Voici à ce sujet un document précieux :

« Séance du 21 août 1792. Les officiers municipaux de Salers, en permanence à la maison commune, instruits par plusieurs citoyens de cette ville, autour des dix heures du matin, qu'un nombre considérable d'hommes se rendaient en cette ville, qu'ils étaient entrés dans le faubourg et s'acheminaient vers la place publique, le maire et un officier municipal ont été priés par l'assemblée de se rendre au devant d'eux et, s'étant rendus en écharpe sur la place publique, ils ont aperçu un détachement d'hommes armés de sabres et de fusils, dont partie se sont mis en sentinelle au devant de la porte de l'arsenal de cette commune et d'autres au devant des maisons Dufayet, Sauvage-Despradel, Espinasse et Demathieu. Ayant arrêté la marche de cette troupe, M. le maire aurait demandé à l'un d'eux ce qu'ils étaient, et par quel ordre ils se rendaient en cette ville ; à quoi il lui aurait été répondu qu'il ne commandait pas le détachement et qu'il allait en prévenir le commandant. L'ayant chargé de le prévenir et de se rendre de suite en la maison commune, où M. le maire et l'officier municipal se sont rendus, y est à l'instant comparu le commandant qui a dit s'appeler Delzon, habitant de la ville d'Aurillac, et sur la même interpellation à lui faite, il a dit commander un détachement du bataillon des volontaires du Cantal et être chargé de se rendre en cette ville par une autorité supérieure à l'effet de prendre les chariots, voitures et chevaux des émigrés, et ayant fait instruire la municipalité que le détachement séjournerait en cette ville, il a été de suite distribué des billets de logement pour cent dix hommes et ont les officiers municipaux signé : Rongier, maire ; Lescurier, Claux, Basset, Raboisson, secrétaire (1). »

Voilà donc un détachement de cent dix volontaires qui parcourt le pays et tombe sur Salers à l'improviste, sans prévenir les autorités locales, mange, boit chez les particuliers pendant trois jours, enlève chariots, voitures, chevaux, sans éprouver aucune résistance de la part de la population, rendue muette et immobile par la terreur.

Et ce ne sont pas seulement les maisons des nobles qui sont pillées, mais encore celles des prêtres, car les sieurs Dufayet, Sauvage-Despradel, Espinasse et Demathieu, dont les demeures furent cernées par ladite bande, étaient des prêtres.

Qu'on veuille bien remarquer encore que la troupe

(1) Registre des délibérations de la municipalité de Salers.

2

ne se contente pas de s'emparer des chariots, des voitures et des chevaux des nobles, mais encore de ceux des personnes suspectes, quoique non émigrées, témoin M. de Lur-Sâluces, marquis de Drugeac, auquel la bande enlève deux chevaux, à son insu, dans sa propre écurie de Salers. Le marquis de Saluces fit le lendemain des plaintes au conseil municipal, et celui-ci des réclamations à M. Delzon.

« Les officiers municipaux en permanence, dit le procès-verbal de la séance du 23 août 1792, prévenus de la part de Lur-Saluces que certains soldats dudit détachement avaient pris dans son écurie deux chevaux à lui appartenant, ont mandé l'officier commandant pour lui faire part de leur surprise au sujet de la conduite de certains soldats, attendu que ledit sieur Saluces n'a pas émigré, puisqu'il avait fait un séjour permanant soit en sa maison de Drugeac, soit en cette ville. En conséquence l'avons chargé de faire rendre de suite lesdits chevaux. Mais sur l'observation faite par le sieur Vidal, capitaine, qu'ils avaient trouvé dans un bâtiment du sieur Raffin un cabriolet, et dans une basse-cour du sieur Chazette un chariot appartenant au sieur Roquemaurel, ils s'en étaient saisis, et qu'ayant besoin de chevaux pour les emmener à Aurillac, ils allaient prier le sieur Saluces de leur prêter sesdits chevaux, ce qu'ayant fait, ce dernier avait consenti que ses chevaux fussent conduits à

Aurillac, à la charge de lui être renvoyés de suite.

« Le sieur Delzon, commandant, à annoncé aux officiers municipaux que le détachement se proposait de partir de suite de cette ville pour se rendre en celle de Mauriac, de tout quoi a été dressé procès-verbal le jour et an que dessus, le quatrième de la liberté ; signé : Rongier, maire. »

On le voit, les chevaux de M. de Saluces avaient été enlevés préalablement à toute demande, à tout consentement. Ce ne fut que sur les plaintes de l'ex-marquis et les observations de la municipalité que les volontaires du Cantal demandèrent l'autorisation d'emmener les chevaux. M. de Saluces y consentit ; il se serait bien gardé de refuser. C'était donc le brigandage armé. Delzon, avec sa bande, parcourut le district de Mauriac, s'emparant des voitures, des mulets et des chevaux qu'il emmena à Aurillac.

Les volontaires étaient logés et nourris chez les particuliers des localités qu'ils visitaient, mais les frais de route leur étaient payés. « Pour dépenses relatives à la conduite desdits chevaux depuis les lieux où ils ont été pris dans le District de Mauriac jusqu'au chef-lieu du département, l'assemblée départementale a alloué à Alexis Delzon la somme de soixante-trois livres (1). »

----

(1) Procès-verbal de l'Assemblée départementale de 1792.

La spoliation des émigrés ne s'arrêtait pas là. On posait les scellés sur leur mobilier, puis on le vendait à l'encan. Les riches tapisseries, les vases de porcelaine, les tableaux, les bibliothèques, les batteries de cuisines, les lits, le linge, l'argenterie, tout était arraché, mêlé, pillé, gaspillé, jeté par les fenêtres, dépareillé, vendu morceau à l'un, morceau à l'autre. Dans ces ventes à l'encan, les mains crochues jouaient un grand rôle, il y avait de tout monde : le voleur volait, le filou escamotait, le brutal saccageait.

Avant la pose des scellés, les familles des émigrés parvenaient parfois à soustraire à la rapacité administrative quelque débris du mobilier des nobles et des prêtres disparus. Mais souvent le mobilier était retrouvé et les recéleurs étaient condamnés à la prison. Voici sur ce point des détails intéressants :

C'était dans les premiers jours du mois de mai 1794; Antoine Détony, marchand à Salers, fut, sans doute parce qu'il n'était pas assez patriote, écroué à la maison d'arrêt par ordre du *comité de surveillance.* Jeanne Marie Lacombe, femme de Delzangles, cordonnier, et dont Détony était le parâtre, voyant celui-ci mis sous les verroux, se mit à crier et à faire du tapage à la porte de la prison. Le concierge, François Barthélemy, porta plainte et le conseil de la commune ordonna l'arrestation de Marie Lacombe. Poursuivie par un peloton de gardes nationaux, celle-ci se cacha dans la maison de

Détony. Le peloton arrive et trouve la femme blottie dans un coffre. Tout en cherchant la femme, les gardes nationaux découvrent, dans un lit, deux sacs cousus. Ces deux sacs cousus avaient une mine un peu suspecte. On saisit le tout ; on porte les sacs à la mairie et on conduit la femme à la prison.

A la mairie on éventre les sacs ; l'un contenait cent cinquante serviettes fines ; l'autre, soixante-deux chemises et vingt-six cols en mousseline. Enquête faite, il fut constaté que ce linge appartenait à madame de Roquemaurel dont le mari avait émigré et qui était elle-même en prison. Sa servante, nommée Lacase, partant pour Aurillac, avait caché le linge dans la maison de Mathieu, alliée à la famille de Roquemaurel. La dame de Mathieu ayant appris que des perquisitions allaient être faites chez elle, fit disparaître les sacs et les confia à Catherine Lacombe, sœur de Marie Lacombe, qui alla les cacher chez Détony. C'est là qu'ils furent découverts. Les deux sœurs Lacombe et Madame de Mathieu furent citées devant le juge de paix qui les condamna à la prison comme recéleuses de mobilier d'émigrés. Ainsi rien n'échappait à la voracité des révolutionnaires.

Autre fait :

Quelques mois plus tard, en juillet 1794, Salvy, de Fontanges et Bertrandy, de Saint-Martin, commissaires nommés par le Directoire du District pour poser les scellés sur le mobilier des reclus et des émigrés, en fouillant, cherchant dans toute la ville, découvrirent dans la maison de Marie Lambert, veuve Lacase, aubergiste à Salers, une armoire pleine de linge ; ils prétendirent que ce linge appartenait à M. de Roquemaurel, émigré, et posèrent les scellés sur l'armoire. La veuve Lacase fut mise en arrestation dans sa propre maison, avec défense d'en sortir, et le mobilier fut confisqué.

Voici un autre fait non moins odieux :

Aucun membre de la famille de Mathieu n'avait émigré, mais la nièce des dames de Mathieu, Mlle Peyral de Jugeals, avait épousé M. de Roquemaurel, et celui-ci était sorti de France. C'était assez. Tout le mobilier de la maison de Mathieu, même celui qui n'appartenait pas à madame de Roquemaurel, fut mis sous les scellés et déclaré bien national.

La vente aux enchères de ce mobilier avait déjà commencé, lorsque Marguerite de Mathieu du Chambon, une des tantes de madame de Roquemaurel, y mit opposition, disant avec justice qu'on pouvait à la vérité se saisir du mobilier appartenant à la dame de M. de Roquemaurel, émigré, mais qu'il était de toute injustice de se saisir du mobilier de la famille de Mathieu. Voici la requête qu'elle adressa à ce sujet au Directoire du District de Mauriac :

« Aux citoyens administrateurs du District de

Mauriac : Marguerite Mathieu, âgée de plus de cinquante ans, domiciliée de la commune de Salers,
vous expose qu'elle a toujours résidé dans la maison
dépendante de la succession de feu Jean-Joseph
Mathieu son père, dont la propriété lui appartient par
indevis avec Catherine Mathieu, sa sœur, et la Peyral-
Jugeals, leur nièce, épouse Roquemaurel. L'émigration
de ce dernier a mis les autorités constituées dans le
cas de faire procéder à l'apposition des scellés, inventaire et estimation de tout le mobilier qui était dans
cette maison meublée et garnie en grande partie des
meubles et effets dépendant de la succession de feu
Mathieu son père. Les mêmes scellés ont été apposés
sur les hardes, nippes et autres objets appartenant à
l'exposante, et notamment sur le linge et effets qui lui
sont parvenus d'après le décès de ses deux oncles,
ci-devant curé de Salers et doyen de Saint-Chamant.

« La vente de tout le mobilier contenu dans cette
maison a été annoncée et publiée. L'exposante se
croit en droit de s'y opposer et de demander : 1° la
distraction de son garde-robe contenant ses hardes et
linges ; 2° celle de la portion de linge et effets provenant
de la succession de ses deux oncles ; 3° sa part et portion que les lois lui assurent sur le mobilier et succession de feu son père.

« Elle sait que tous les biens des émigrés doivent
être vendus au profit de la nation ; mais lesdites

tantes d'une fille qui a eu le malheur d'épouser un émigré, ne doivent point être victimes d'une émigration qu'elles ont ignorée et qu'elles n'ont pu empêcher. D'après ces considérations, l'exposante ose espérer qu'en la recévant opposante à la vente de sa garde-robe et effets à elle appartenant, il sera par vous ordonné qu'il lui en sera fait distraction et délivrance, qu'elle lui sera également faite de sa portion afférente dans le mobilier et dans tous les autres biens de ses auteurs et qu'il sera provisoirement sursis auxdites ventes ; la justice et l'équité vous en sollicitent. Signé : Mathieu. »

Le District de Mauriac envoya cette pétition à la municipalité de Salers et lui demanda son avis. La municipalité attesta que tout ce qui est contenu dans ladite requête était exact et vrai. Marguerite Mathieu obtint-elle justice ? C'est douteux.

Tous les faits racontés dans ce chapitre sont consignés dans le cahier des délibérations de la municipalité de Salers, et par conséquent ils sont d'une authenticité inattaquable. Nous avons donc là une preuve évidente de la rapacité des républicains de cette triste époque. C'était un trafic monstrueux de la liberté, des biens et de la vie des citoyens. Et non seulement la démagogie révolutionnaire exerçait ses ravages sur les biens et la liberté des honnêtes gens, elle pesait encore sur les âmes, sur les consciences et

leur arrachait des actes coupables. Voici un fait étrange ;
je copie textuellement :

« Séance du 8 nivose an III (28 décembre 1793).
Marie-Isabeau Lescurier-Fournol, attendu son in-
disposition, a fait inviter les officiers municipaux
de se rendre dans sa maison, à quoi adhérant,
elle a déclaré qu'elle avait convolé en secondes
noces avec Jean Marie Laraffinie cadet, dans la
vue de passer des jours que l'hymen assure à des
conjoints que l'amitié unit ; qu'ayant vécu dans cette
union pendant l'espace de deux ans, il était provenu
de leur union conjugale deux filles ; que ledit Laraffinie, sans doute entrainé par de belles promesses,
oubliant l'amitié et la tendresse qu'il devait avoir pour
la comparante et leurs enfants, les abandonna à
l'époque du 3 octobre 1791 et émigra, au point que
la comparante n'en a plus su de nouvelles, mais
comme d'après la loi de la Convention nationale la
comparante est autorisée à faire divorce avec lui, elle
déclare que c'est là sa véritable intention de laquelle
elle a requis acte.

« En conséquence la municipalité sur ce, ouï l'agent
national, en donnant acte à ladite Lescurier de sa
comparution et dires ; attendu qu'il est notoire, d'après
l'attestation des citoyens Raymond Claux, officier de
santé, âgé de 27 ans, Antoine Salvage, juge de paix,
âgé de 32 ans, Antoine Revel, marchand, âgé de

26 ans, François Dufayet, aussi marchand, âgé de 40 ans, Jean Rey, huissier, âgé de 46 ans, Jean Rongier fils, âgé de 22 ans, Léonard Rey, marchand, âgé de 52 ans et Jean Peuch aîné, maçon, âgé de 50 ans, tous habitants de cette commune, que ledit Jean-Marie Laraffinie a abandonné ladite Lescurier, depuis le mois d'octobre 1791, époque à laquelle il s'est émigré et qu'il n'a plus paru dans cette commune, que l'émigration dudit Laraffinie ne peut-être révoquée en doute, puisque ses effets ont été saisis, que ladite Lescurier et ses enfants sont sans ressources pour subsister et qu'il serait affligeant pour ladite Lescurier de demeurer plus longtemps l'épouse d'un ennemi de la patrie, mis hors la loi, arrête qu'elle autorise ladite Lescurier à se pourvoir devant l'officier public pour faire prononcer son divorce en conformité des décrets, et ont les officiers municipaux signé avec ladite Lescurier : Rongier, maire, Rey, Lescurier, etc. »

Cet acte, arraché à madame de Raffin par les circonstances malheureuses où elle se trouvait et par l'espoir de sauver ses propriétés, n'était pas sincère, mais feint et apparent. Dix-sept mois après, quand la Terreur fut moins forte, cette dame se hâta de rétracter cet acte en même temps qu'un serment qu'on avait exigé d'elle. Voici en effet la lettre qu'elle écrivit à la municipalité de Salers et qui fut envoyée au Directoire du District de Mauriac :

« Le 10 juin 1795. Ayant paru devant Musset, représentant du peuple, n'ayant pas l'intention de faire le serment, je n'ai pas levé la main ; mais comme je suis présumée l'avoir fait, je déclare, pour réparer le scandale, que mon intention n'est pas de l'étendre à ce qu'il renferme de contraire à la religion catholique, apostolique et romaine, que je veux professer jusqu'au dernier soupir de ma vie. L'acte de divorce, que j'ai fait, qui, quoique de ma part, *n'était qu'extérieur*, est cependant contraire à l'Evangile ; je le rétracte donc aujourd'hui et en demande pardon à Dieu que j'ai offensé, à l'Eglise que j'ai affligée et aux fidèles que j'ai scandalisés. Signé : Lescurier-Laraffinie (1). »

C'est ainsi que la Révolution agissait sur les esprits, qu'elle torturait les âmes par une pression morale, désastreuse et leur arrachait des actes illicites, des serments impies, en leur inspirant une frayeur qui ne leur laissait pas la liberté d'esprit.

(1) Archives de Salers.

CHAPITRE III

La guerre à la noblesse était implacable. La Révolution chasse les nobles de toutes les charges et fonctions ; elle les force à quitter leurs demeures et leur patrie ; elle pille ou brûle leurs châteaux ; elle détruit leurs titres, elle s'empare de leurs biens et les vend ; elle impose à leurs familles l'équipement de deux militaires par chaque émigré. Est-ce assez ? Non. Elle déclare leurs familles suspectes et les fait emprisonner.

A Salers, tous les membres de la noblesse, qui n'avaient pas émigré furent déclarés suspects et incarcérés, et c'est le registre des délibérations municipales lui-même qui le constate avec quelques autres documents. Ils furent d'abord consignés dans leurs propres maisons, puis enfermés dans les prisons du District. Voici les noms des incarcérés que nous avons relevés : Mme de Bargues, mère, veuve, née de Pons-Lachau ; Antoine de Bargues, fils aîné, dont le frère cadet avait

émigré; Mme Antoine de Bargues, née de Lespinasse ;
Marguerite de Bargues, sœur d'Antoine, veuve Laserre; Thérèse de Bargues, dite Laborie, autre sœur
d'Antoine ; Pierre Bertrandy-Barmonteil, allié à la
famille de Bargues; Mme Bertrandy-Barmonteil, née
de Bargues ; François Bertrandy, avec son frère et ses
deux sœurs, fils et filles de Bertrandy-Barmonteil;
Mme de Longevialle, née de Burc, mère de Sébastien
de Longevialle; Mme de Raffin, cadet, née Lescurier ;
Louise-Hélène de Ferrière de Sauvebœuf, dite de Saint-
Bonnet ; Gabrielle-Marguerite de Ferrière de Sauvebœuf, religieuse; Léonarde de Ferrière de Sauvebœuf;
Mme la comtesse de Roquemaurel ; M. d'Olivier.

Voici les arrêtés qui condamnent à la prison plusieurs des personnes que je viens de nommer :

« Aujourd'hui 18 avril 1793, l'an II de la république,
maison commune de la ville de Salers, séant le conseil
général, a été porté sur le bureau un paquet venant du
District de Mauriac; l'ayant ouvert, il s'y est trouvé
copie de l'arrêté pris par le département du Cantal le
12 courant; en ayant pris lecture, ouï le citoyen
Basset, officier municipal, et considérant que l'arrêté
du Directoire du département doit recevoir sa plus
prompte exécution, que les prêtres ci-devant commu-
nalistes de cette ville n'ont point prêté le serment
exigé par la loi du 15 août dernier et que conséquem-
ment ils sont dans le cas de la déportation... consi-

dérant que les pères, mères, femmes, enfants, frères et sœurs des émigrés et les hommes notoirement reconnus suspects doivent être provisoirement en état d'arrestation et consignés dans leurs maisons, et que suivant l'article 6 du même arrêté il doit être de suite fait une liste dans laquelle sont mis les noms de tous les parents des émigrés, de leurs agents d'affaire, domestiques des ci-devant nobles et privilégiés, des gens ayant possédé des charges lucratives de judicature et de finances et de tous les gens suspects, arrête :

« 1° Que Jean-Marie Tissandier, Paul Espinasse, prêtres... (suit la liste des prêtres décrétés d'arrestation que je donnerai en faisant l'histoire de l'extermination du clergé).

« 2° Que le citoyen Antoine Chazette-Bargues ; Pons-Lachau, sa mère ; Chazette, veuve Laserre, Chazette fille, mère, frère et sœurs d'Antoine Chazette, émigré ; Pierre Bertrandy-Barmonteil, Barbe Chazette, son épouse ; François Bertrandy ; autre Bertrandy, son frère et leurs deux sœurs, père, mère, frères et sœurs de Bertrandy fils, émigré ; Marguerite Bardet, veuve Chevalier, mère de Jacques-Sébastien Chevalier Longevialle, émigré ; Marie-Elisabeth Lescurier, épouse Laraffinie, cadet, émigré, seront mis en état d'arrestation et consignés dans leurs propres maisons... »

Etre consigné dans sa propre maison équivalait à la prison, car les portes étaient fermées ; les reclus ne pouvaient sortir; ils étaient surveillés, gardés à vue, nuit et jour, pouvant à peine vaquer à leurs occupations intérieures. Ceux qui n'étaient pas consignés pouvaient seuls sortir de la maison et vaquer aux travaux extérieurs.

Les personnes que je viens de nommer restèrent dans cet état environ un an, depuis le mois d'avril 1793 jusqu'au 31 mars 1794, époque où elles furent transférées dans les prisons de Mauriac, comme le prouve l'arrêté suivant :

« Onze germinal, an II de la république (31 mars 1794), séant le conseil général de la commune et le *comité de surveillance* réunis. Un membre a dit qu'en conformité des décrets du 12 août et 17 septembre 1793 (v. s.) les pères, mères, femmes, enfants, frères et sœurs des émigrés et autres personnes suspectes seraient mis en arrestation et transférés dans les bâtiments nationaux désignés par les administrateurs, qu'il y a dans cette commune Pierre Bertrandy; la Chazette, son épouse; leurs enfants, père, mère, frère et sœurs d'Antoine Bertrandy, émigré; Marguerite Bardet, veuve Chevalier, mère de Jacques-Sébastien Longevialle, émigré; la Espinasse, femme Chazette; la Chazette, veuve Laserre et la Chazette-Laborie, sœurs et belle-sœurs d'Antoine Chazette émigré, et, que, d'après l'article 2 dudit décret, les ci-dessus nom-

més sont réputés gens suspects, il a requis l'assemblée
à délibérer.

« Sur quoi, le citoyen Basset, officier municipal,
pour l'agent national malade, entendus le conseil général et comité de surveillance réunis, arrêtent qu'en
exécution desdits décrets Pierre Bertrandy ; la Chazette,
sa femme, leurs enfants ; ladite Bardet, veuve Chevalier ; la Espinasse, femme Chazette ; la Chazette,
veuve Laserre et la Chazette-Laborie, seront conduits
dans la maison de réclusion du District de Mauriac
par un détachement de la garde nationale et ont signé : -
Rongier, maire ; Peuch. Veschembres... »

Dans ces arrêtés, il n'est pas fait mention des dames
de Sauvebœuf, de Laronade et de Roquemaurel ; il
est pourtant évident qu'elles furent impitoyablement
jetées en prison. Mme de Laronade et Mme de Roquemaurel surtout furent longtemps visées, surveillées
par Salsac. Enfin, arrêtées, elle furent conduites à
Aurillac.

Le départ de Salers de la comtesse de Roquemaurel
fut on ne peut plus émouvant. Quand elle monta sur
la fatale voiture, escortée de gendarmes, la foule ac-
courut triste et émue. M. Vergne, de Salers, présenta
à la prisonnière une somme de six cents francs de la
part de Mme Chazette de Bargues. — « Merci, mon
ami, répondit Mme de Roquemaurel, je ne les prends

pas ; ceux qui veulent ma tête paieront bien le bourreau. » Tout le monde pleurait.

Un arrêté du *Comité de sûreté générale* du 14 messidor,
an II (2 juillet 1894) ordonna que Mme de Roquemaurel et Mme de Laronade seraient envoyées au tribunal
révolutionnaire de Paris avec onze personnes parmi
lesquelles étaient d'Olivier, de Salers ; le comte de
Sartiges ; la marquise de Fontanges, de Velzic ; M. de
Faussange, ancien procureur du roi à Salers ; M. De-
vèze, ancien procureur du roi à Aurillac ; M. Decours ;
M. Falvelly, prêtre ; M. Largueze, médecin (1).

On revint sur cette décision à l'égard de Mme de Laronade, mais les autres furent emmenés à Paris de brigade en brigade ; heureusement quand ils arrivèrent à
Paris, Robespierre venait de porter sa tête sur l'échafaud, c'est ce qui les sauva.

Mme de Roquemaurel mourut plus tard à Paris
auprès de M. d'Auzers (2).

Les prisonniers de Salers n'obtinrent leur liberté
qu'à la fin de l'année 1794, après avoir produit un
certificat de civisme que la commune de Salers leur
donna et que voici :

« Séance du 18 brumaire, an III (8 novembre 1794)

---

(1) Mémoire de M. d'Olivier.

(2) C'est par erreur que Prud'homme, le marquis d'Espinchal et
Boudet disent que madame de Roquemaurel fut condamnée et
exécutée.

un membre a fait la lecture d'une lettre adressée à la
municipalité de Salers par l'Espinasse, femme Chazette
détenue dans la maison de reclusion à Mauriac en
date du décady dernier, par laquelle ladite Espinasse
demande un certificat pour elle, pour Antoine Chazette son mari; Anne Pons, veuve Chazette; Marguerite Chazette, veuve Laserre, et Thérèse Chazette
fille, qu'ils ont été depuis 1789 soumis aux lois, qu'ils
n'ont point troublé l'ordre public, qu'ils ont secouru
les pauvres, qu'ils ont contribué pour les gratifications
des volontaires, qu'Antoine Chazette invita même
son neveu Bertrandy à s'inscrire pour aller dans la
Lozère lors des troubles du mois de mai 1793 et
qu'Antoine Chazette, cadet émigré, qui servait dans
les armées depuis plus de vingt ans, passait quelquefois
quatre à cinq ans sans venir les voir. Sur lesquelles
propositions le conseil après avoir délibéré sur chacun
des réclamants, ouï l'agent national, attendu qu'il
est de la connaissance du conseil que ladite Anne Pons,
veuve Chazette; Marguerite Chazette, veuve Laserre;
Thérèse Chazette, fille; Antoine Chazette ainé et
l'Espinasse femme dudit Antoine Chazette, n'ont
jamais troublé l'ordre public, qu'ils ont secouru les
pauvres, contribué à la gratification des défenseurs
de la patrie, certifie et atteste lesdits faits à tous ceux
à qui il appartiendra et attendu que le conseil ne faisait pas attention aux époques d'arrivée et de départ

dudit Chazette cadet, déclare qu'il n'y a lieu à délibérer à son sujet... »

. Même certificat est accordé à Isabeau Lescurier, femme divorcée de Jean-Marie Raffin cadet, et à Louise Ferrière, dite du Puy-d'Arnac, fille habitante de cette commune, détenue dans la maison de reclusion à Mauriac.

Ces pétitions et ces certificats de civisme firent impression sur Musset, représentant, envoyé dans le Cantal, qui ordonna la mise en liberté des prisonniers par l'arrêté suivant, en date du 28 brumaire an III (18 novembre 1794).

« Mort aux tyrans... Le représentant du peuple, Musset, envoyé dans les départements du Puy-de-Dôme, Corrèze, Cantal, Nièvre, pressé par des pétitions multipliées de prononcer sur .les détenus du District de Mauriac voulant leur appliquer les dispositions de la loi du 17 septembre (V.S.) et faire jouir des exceptions ceux qui peuvent y avoir droit, sur l'avis du Comité révolutionnaire du District de Mauriac et d'après le vœu du peuple consulté dans la société populaire sur chacun des ci-dessous nommés, arrête ce qui suit :

Art. I. — Pierre Rolland; Elisabeth Lescurier-Fournol, femme divorcée Raffin; Louise Ferrière; Lescurier, de Salers; Espinasse, femme Chazette; seront mis en liberté et ladite Fournol, femme Raffin, sera sous la surveillance immédiate de la municipalité.

Art. II. — Pierre Bertrandy, sa femme et sa famille; Anne Pons, veuve Chazette, et sa famille seront mis en arrestation dans leur commune respective sous la surveillance des autorités...

Art. VI. — Les agents nationaux des communes où se trouve des individus en arrestation, sont spécialement chargés de les surveiller et d'informer, chaque décade, le Comité révolutionnaire de la conduite de chacun d'eux... Signé : Musset. »

Dans cet arrêté de Musset il n'est pas fait mention de Léonarde de Ferrière de Sauvebœuf incarcérée elle aussi. Elle fut mise en liberté, mais plus tard.

« Séance du 27 germinal an III (16 avril 1795)... Il a été fait lecture d'une pétition de la citoyenne Léonarde Ferrière-Sauvebœuf, détenue en état d'arrestation sous la surveillance de cette municipalité et tendante à obtenir l'agrément de se rendre à Salers pour y passer quelque temps en famille auprès d'un frère qu'elle n'a pas vu depuis le commencement de la Révolution.

Le conseil, considérant qu'une pareille autorisation excède sa compétence et paraît réservée à l'administration du District, mais, n'ayant pour son compte aucune objection à faire contre elle, ouï l'agent national, estime qu'il n'y a pas d'inconvénient à accorder

à la pétitionnaire l'agrément qu'elle sollicite et la dé-
laisser à se pourvoir, à cet égard, par devant l'administration du District... » (1)

Grâce à l'arrêté de Musset, les prisonniers de Salers
obtinrent leur mise en liberté; il est vrai que quelques-
uns durent subir encore quelque temps la surveillance
des autorités administratives; mais ils purent du moins
jouir d'une liberté relative.

Pendant le reste de la Révolution la noblesse de
Salers eut encore beaucoup à souffrir; les émigrés
rentrèrent, mais il trouvèrent leurs biens en partie
vendus, leurs maisons dévalisées, leurs familles disper-
sées. Ruinés pour la plupart ils disparurent eux-mêmes,
les uns emportés par la mort, les autres allant chercher ailleur un asile sous un ciel plus doux. Une seule
famille noble existe aujourd'hui à Salers, la famille de
Raffin, possédant toujours la belle maison de la Jor-
danie, à cent mètres de la ville, près la chapelle de
Notre-Dame de Lorette.

(1) Archives de Mauriac, cahier des délibérations de la municipalité.

CHAPITRE IV

MORT DE M. DE FAURE. — ASSASSINAT LÉGAL DE M. DE
LA TOUR ET DE Mme LA COMTESSE DE LARONADE.

Nous avons parlé de Salsac et des Valette. Ces
hommes méditaient depuis trois ans un crime épou-
vantable et ils le perpétrèrent enfin avec un cynisme
révoltant. Madame la comtesse de Laronade avait de
beaux écus et de vastes domaines. — Nous pourrons
avoir ces domaines pour quelques assignats, disent
les affreux sans-culottes, mais il faut pour cela les
faire déclarer biens nationaux, et pour la comtesse il
faut la prison et la mort. Ils cherchent donc un prétexte pour la faire arrêter et la livrer, je ne dirai pas
à la justice, il n'y en avait pas en ce temps-là, mais
aux bourreaux et ceux-là étaient nombreux. Un jour,
en 1791, Salsac et Valette aîné se promenaient sur
la place publique de Salers; madame de Laronade
vint à passer. Salsac dit à Valette : *Arrête-la, fais-la
parler.* Valette s'approche, salue madame de Laronade et la fait parler. Pendant qu'ils parlaient, Sal-

sac, « rôde autour d'eux pour entendre leur conversation et il entend ». Les paroles que prononça la comtesse étaient-elles compromettantes ? on peut en douter, mais qu'importe, Salsac et Valette s'en servirent plus tard pour la dénoncer, la faire arrêter et traduire devant le tribunal criminel séant à Aurillac, dont le président était un de leurs affidés, le féroce Hébrard. Elle aurait dit, s'il faut en croire les dénonciateurs, que ses fils avaient émigré pour aider à rétablir le roi sur son trône et la noblesse dans ses droits, que bientôt le roi serait de retour et qu'à une époque prochaine la contre-révolution serait faite.

C'était assez pour la faire condamner, mais Salsac et Valette, jugeant que le moment opportun n'était pas venu, gardent le silence sur le sort qu'ils réservent à la comtesse, « ils portèrent, dit la *Révolution du Cantal*, ils portèrent dans leurs cœurs, pendant plus de trois ans, la mort de cette femme ».

Enfin au plus fort de la Terreur, alors que, faisant partie de la terrible *Commission révolutionnaire*, ils sont tout-puissants, ils croient le moment favorable à la réalisation de leur lugubre dessein et dénoncent madame de Laronade comme aristocrate, contre-révolutionnaire, tenant des propos inciviques et coupable d'envoyer de l'argent à ses fils émigrés.

Elle est donc arrêtée, conduite à Aurillac et enfer-

mée au couvent de Saint-Joseph transformé en prison.
Elle avait alors soixante-douze ans.

Les documents qu'il m'a été possible de consulter
ne me disent ni le jour ni le mois de l'arrestation de
la vénérable comtesse, ni combien de temps elle
resta en prison. Le cahier des délibérations de la municipalité de Salers qui contient de si précieux détails
sur la révolution dans cette ville, garde un silence
absolu sur l'illustre prisonnière. Ce qu'il y a de certain c'est qu'à Saint-Joseph elle trouva et eut pour
compagnons d'infortune une foule de compatriotes :
prêtres, hommes, femmes, victimes, eux aussi, des
fureurs démagogiques. « Un grand nombre de personnes du Cantal, dit Boudet, arrêtées depuis quelques jours, étaient entassées dans les prisons d'Aurillac et on n'attendait plus qu'un complément de renseignements sur chacune pour les envoyer au tribunal
révolutionnaire de Paris ». C'était l'usage d'envoyer
à Paris ceux dont on voulait la mort. On trouvait les
tribunaux d'Auvergne trop cléments et pas assez
expéditifs.

Le représentant du peuple, Borie, en mission dans
le Cantal, se trouvait alors à Aurillac. Les membres
de la terrible *Commission* avaient sur lui, comme
autrefois sur Bô, une grande influence et ils en obte-
naient tout ce qu'ils désiraient. Ils le circonviennent
et obtiennent de lui un arrêté daté du 4 thermidor

an II (22 juillet 1794) qui ordonne l'envoi à Paris d'une fournée de dix-sept personnes dont sept femmes parmi lesquelles se trouvait madame de Laronade. Assurément le représentant Borie ne connaissait pas ces malheureuses victimes et ignorait à peu près la cause de leur arrestation, mais la Commission sollicita un ordre et il le donna.

Madame de Laronade est donc destinée à porter sa tête sur l'échafaud à Paris; mais Salsac, les Valette et quelques autres membres de la *Commission révolutionnaire* veulent sa mort immédiate afin qu'elle n'échappe pas et pour *consolider l'opinion publique.*

Brugoux, officier de santé, juge de paix à Arpajon, président de la *Commission,* écrit dans la matinée du 22 juillet la lettre suivante à l'accusateur public. « Je te préviens, citoyen, que la nommée Tournier, veuve Laronade, maintenant recluse à Saint-Joseph, m'a été dénoncée. Comme ce délit est de la compétence du tribunal criminel, je t'invite à faire de suite les diligences nécessaires pour la répression. Valette aîné et Salsac, administrateurs, déposeront des faits; ils sont ici, tu auras à les entendre de suite. Signé : Brugoux. »

En effet la besogne fut vite expédiée.

Ce même jour, 22 juillet, en même temps qu'on tramait l'assassinat de Madame de Laronade, on perpétrait celui de M. de la Tour.

François Jean-Baptiste de la Tour habitait le château de Griffault dans la commune de Cayrols (Cantal). Des membres de cette famille étaient possesseurs des châteaux de la Borie, paroisse de Saint-Etienne de Maurs et de la Placette, paroisse de Cayrols. « Comme Madame de Laronade, dit Boudet, M. de la Tour était accusé d'avoir fourni des fonds à son fils mineur pour le faire émigrer et d'avoir entretenu une correspondance avec lui. Désolé de ne pouvoir suivre son fils à l'étranger, M. de la Tour lui avait en effet acheté un cheval, lui avait fait un équipage et l'avait accompagné jusqu'à Aurillac. Ce fait constituait le crime d'embauchage puni par la loi du 16 mars 1793. » La raison que donne ici M. Boudet n'est que le prétexte mis en avant; la vraie raison c'est que M. de la Tour avait de l'argent. Il en donna. Et pour qu'il soit obligé à en donner encore il est décrété d'arrestation le 3 thermidor an II (21 juillet 1794) par le représentant Borie. Son fils, porté sur la liste des émigrés, fut taxé par le comité révolutionnaire à quatre mille francs. Ils furent comptés à Dèzes. Le père de la Tour avait dit à son fils, qui l'attesta plus tard, qu'il avait encore donné d'autre argent.

« Hébrard avoua que Latour père, après son jugement le 4 thermidor an II (22 juillet) lui avait offert cent louis pour l'engager à le sortir d'affaire. »

Hébrard sans doute ne trouva pas la somme assez

considérable, puisque de la Tour, condamné à mort à l'unanimité, fut exécuté le même jour, 22 juillet 1794.

Cette condamnation à mort suivie de cette exécution si prompte jeta la terreur dans les prisons d'Aurillac. « Un des co-détenus de M. de la Tour, M. de Faure, déféré au tribunal révolutionnaire de Paris sous la même accusation, dit Boudet, apprenant que M. de la Tour avait été condamné à l'unanimité des jurés, se donna la mort dans la prison. »

Sa maison fut pillée, ses juges et bourreaux s'emparèrent de sa montre, de ses effets, de son manteau. Lors du procès des terroristes, Lafage, cuisinier de la prison Joseph, fit la déposition suivante : « J'ai porté à la *Commission*, au commencement de thermidor, une montre en or, à double boitier, garnie en perles émaillées, avec une lettre et un assignat de cinq francs» : « tristes restes, ajoute la *Révolution du Cantal*, du malheureux Dufaure qui, désigné le 4 thermidor (22 juillet) pour être envoyé le lendemain au tribunal révolutionnaire, se donna la mort pour ne pas tomber aux mains des égorgeurs. »

Lafage continua sa déposition : « Salsac me fit faire et signer une déclaration des effets de Dufaure. »

« Au lieu de cette déclaration, signée par Lafage, ajoute la *Révolution*, Brugoux a déposé au *Comité révolutionnaire* un procès-verbal signé de lui, Brugoux, et de ses secrétaires, sans signature de Lafage, en

sorte qu'il reste à savoir comment ce procès-verbal a
été substitué à la déclaration et les effets de Dufaure
ont été si longtemps au pouvoir de Brugoux qui
n'était pas délégué pour les dépouilles des suicidés. »
Ainsi voilà un juge de paix qui fait disparaître un
acte authentique et en fabrique un autre à sa façon où
il inscrit ce qu'il juge à propos afin sans doute de
pouvoir facilement voler les montres et les manteaux.
Il ne rendit les effets du malheureux Dufaure que
lorsque le District les exigea rigoureusement.

Déposition de Prunet : « Lorsqu'on a vendu au
District les effets de Dufaure je n'ai vu vendre qu'une
seule montre d'argent. » Qu'est devenu la montre
en or que Lafage a portée à la Commission ?

Brugoux « dans son interrogatoire, répond qu'il a
ignoré la vente des effets de Dufaure, que la montre a
resté chez Ayroles, son secrétaire, et qu'il ignore
ce qu'est devenu le manteau de Dufaure. »

En voilà assez pour rendre évident le trafic que
faisaient les juges de ce temps là, de la justice d'abord
et puis des effets des nobles qu'ils avaient condamnés
et exécutés.

Après l'assassinat de M. de la Tour vint celui de
Madame de Laronade.

N'ayant rien à se reprocher, la conscience en paix,
la malheureuse comtesse ne se doutait pas de la trâme
infernale qu'on ourdissait contre elle.

« Trois heures avant sa mort, elle jouait paisible-
ment aux cartes dans la maison Joseph, ignorant
encore qu'elle fut dénoncée, tandis que dès sept heures
du matin on disait en pleine foire à Salers qu'elle
serait guillotinée ce jour là. »

Mais si la victime était ignorante de son sort, on
ne l'ignorait pas autour d'elle. Marguerite, sa fille de
chambre, qu'on lui avait permis de garder auprès
d'elle, était au désespoir ; mais elle cachait ses larmes ;
ce qui la désolait surtout c'était que le moment fatal
arrivait et que Madame ne songeait pas à se préparer
à la mort. Il fallait pourtant agir ; Marguerite accoste
un prêtre, car il y avait plusieurs prêtres en prison, et
ils convinrent tous deux d'amener Madame la comtesse
à faire sans retard sa confession.

Puis revenant vers sa maitresse, la fidèle servante
ose lui dire que les temps sont mauvais, que les
hommes sont méchants, qu'il faut s'attendre à tout, et
se préparer à tout événement, bref qu'il faut se confesser.— « Ma pauvre Marguerite, répond la comtesse,
je ne demande pas mieux que de me confesser, mais
comment veux-tu que je me confesse : ici point
d'église, point de confessionnal et puis tous ces yeux
qui vous regardent, toutes ces oreilles qui vous
écoutent, ces gardiens qui vous épient ». — Madame, répond Marguerite sans se décourager, tout
peut s'arranger » et en même temps elle fait

signe au prêtre ; le prêtre s'approche, Marguerite s'éloigne.

Le prêtre et la comtesse restent seuls et, tout en se promenant dans la cour, Madame se confesse ; le prêtre reçoit le secret des dernières pensées de cette âme généreuse et lui donne l'absolution.

L'heure était solennelle, le moment fatal arrivait. C'était dans l'après-midi. Bientôt le geôlier appelle madame de Laronade et les gendarmes s'emparent d'elle. On la conduit au palais de justice et un semblant de procédure commence ; on entend les dépositions de Valette aîné et de Salsac ; ce furent les uniques dépositions. Tout fut illégal.

« Le même jour, 4 thermidor, dit la *Révolution du Cantal*, cette femme est amenée à la maison de justice, interrogée par l'accusateur public, traduite à l'audience sans qu'il existe dans la procédure aucune ordonnance du tribunal portant prise de corps, conformément à la loi et nonobstant l'arrêté de Borie, du même jour, 4 thermidor, qui ordonnait son envoi au tribunal révolutionnaire de Paris. Quels ont été les témoins ? Valette et Salsac ont déposé d'un propos tenu en 1791... Comment furent choisis les jurés ? Saint-Yon, commis chez Palis, greffier, déclara qu'Hébrard l'envoya porter à Faure, agent national, la liste du jury spécial pour Latour qui fut guillotiné le même jour que Laronade. Saint-Yon observa qu'il y avait des jurés qui étaient à la campagne et qu'ils ne pourraient être assignés de suite s'ils tombaient au sort. Hébrard répondit : *Va toujours, sois tranquille, ils sont tous en ville.* Saint-Yon ayant ajouté qu'il n'avait pas de liste de jurés de l'agent national, Hébrard dit que *ceux de Latour serviraient pour elle.*

En effet, sur la liste du jury spécial pour Latour est une note écrite par Roux, huissier du tribunal, portant que la même liste a servi pour la veuve Laronade. Ainsi il n'y a pas eu pour elle de liste fournie par l'agent national, ni tirage au sort des jurés, ni communication de liste du jury spécial, ni par conséquent de faculté de récusation... Ainsi cette femme désignée pour être envoyée au tribunal révolutionnaire par l'arrêté du représentant Borie, du 4 thermidor, dénoncée le même jour par le président de la Commission (Brugoux), a été condamnée à mort le même jour par un membre de la *Commission* (Hébrard), d'après le témoignage de deux membres de la *Commission* (Salsac et Valette) témoins uniques, suspectés d'avoir été les dénonciateurs auprès de Brugoux, après la déclaration des jurés parmi lesquels étaient trois membres de la *Commission.* »

Il y eut donc violation complète des formes et des règles établies par la loi pour garantir la sûreté individuelle. Ce fut donc un véritable assassinat que la mort de Madame de Laronade. L'auteur de la *Révo-*

lution du Cantal, tout républicain qu'il est, Guitard, ne peut retenir son indignation et sa colère contre les auteurs de cet atroce forfait. Il les apostrophe ainsi :

« Brugoux, répond maintenant à l'humanité qui t'interpelle. Sans doute comme citoyen tu devais la dénonciation civique de tous les détails parvenus à ta connaissance, mais le comité de sûreté générale t'avait-il donné le pouvoir de dénoncer en qualité de son délégué, dans un temps de terreur?

D'où avais-tu tiré le droit de traduire la veuve Laronade au tribunal criminel, le 4 thermidor, au mépris de l'arrêté de Borie du même jour, qui l'envoyait au tribunal révolutionnaire de Paris. N'est-ce pas Salsac et Valette qui t'ont dénoncé les faits qu'ils ont ensuite attestés comme témoins!

Et vous Salsac et Valette n'avez-vous pas porté dans votre sein, pendant trois années, la mort de cette femme? N'avez-vous pas gardé pendant ce temps le silence le plus profond sur ces détails? Ce qui était contre-révolutionnaire le 4 thermidor, l'an II (22 juillet 1794) ne l'était-il pas en 1793, en 1792, en 1791? Pourquoi la mémoire ne vous est-elle venue qu'au moment où il fallait *consolider votre opinion publique?* O vous tous qui, dans vos conciliabules, avez combiné la mort de cette femme; vous qui, le 4 thermidor au matin, avez marqué l'heure du soir qui serait la dernière de sa vie ; si jamais cet écrit tombe dans vos mains homicides, sans doute, que par un mouvement naturel, elles se porteront sur cette page funèbre ! sans doute que vos yeux se fixeront de préférence sur ces mots de sang que la vérité ne trace qu'avec horreur. Ah ! si vous n'êtes pas atteints par la justice qui dans ce moment fait l'enceinte de la république pour la purger des brigands qui l'ont désolée, espérez-vous échapper à l'opinion qui sera pour vous sur la terre le fouet vengeur des Eumédides ? Espérez-vous échapper à ce tribunal secret que la nature a établi dans le sein même des tyrans ? Vous vous disiez patriotes et les lois et l'humanité n'étaient rien pour vous ! et vous ne suiviez que l'appétit brutal des passions les plus effrénées ! et vous méprisiez le peuple jusqu'à vouloir le corrompre et le rendre aussi atroce que vous ! Misérables ! connaissez enfin vos destinées, écoutez ce mot terrible qu'un sans-culotte dit à Robespierre, votre chef, le 10 thermidor : « Il existe un Être suprême ! »

Madame de Laronade fut donc condamnée à mort. Elle n'aurait jamais cru qu'il y eut tant de férocité dans le cœur de ses dénonciateurs.

A l'instant même on l'emmène au supplice ; on avait hâte de perpétrer le forfait. Sur je ne sais quelle place d'Aurillac l'échafaud avait été dressé pour M. de la

Tour ; il était encore tout ruisselant de sang de cet infortuné. La population honnête, terrifiée, reste enfermée dans les maisons, mais autour de l'échafaud se ramasse cette plèbe sans pudeur, criarde, éhontée, qui aime à s'abreuver de sang. Elle chantait le *ça ira !* elle criait : *à bas la noblesse ! et vive la montagne !*

Madame de Laronade marchait pleine de courage et saintement résignée. La pauvre Marguerite suivait, pleurant, pâle, à demi-morte. — « Ma pauvre Marguerite, lui dit la comtesse, ne pleure pas; tiens, voilà ma montre et mon chapelet, c'est tout ce que j'ai, je te le donne, tu le garderas en souvenir de moi. »

Malgré ses soixante-douze ans, la fière espagnole, dont la majesté des années rehaussait l'éclat des vertus, s'avançait avec assurance, avec quelque empressement. — Ne marche pas si vite, citoyenne, lui dit un des gendarmes. — Ah ! répond la condamnée, c'est que j'ai hâte d'arriver au ciel !

Elle met avec intrépidité le pied sur le premier degré de l'échafaud, mais voyant Marguerite évanouie au pied de la guillotine, elle s'arrête, se retourne. — « Je vous demande une minute, Monsieur, pour relever cette pauvre fille, dit-elle au bourreau. » Elle la relève, et la soutient dans ses bras, mais on la lui arrache. Elle achève de monter les degrés... quelques minutes après tout était fini.

Quand la pauvre Marguerite revint de son éva-
nouissement, elle ne trouva dans sa poche que le chapelet, on lui avait volé la montre.

Elle se retira auprès d'un frère marié au Breuil,
commune d'Ally, racontant à tout le monde, en
pleurant, la mort de sa *chère Madame.*

CHAPITRE V

De tous les départements on envoyait au tribunal révolutionnaire de Paris les nobles, les riches, hommes, femmes, tous ceux dont on voulait se défaire au plus vite.

Ce tribunal en effet, plus expéditif, moins scrupuleux que les tribunaux de province, allait vite en besogne. Là les juges étaient des bourreaux ; là sombraient toutes les vieilles gloires et tombaient toutes les nobles têtes.

Parmi les Auvergnats envoyés à cette boucherie nous avons nommé M. Dolivier, avocat à Salers, jurisconsulte distingué.

Après la Révolution, voyant sa conduite diffamée par des détracteurs, M. François-Marie Dolivier fit imprimer, pour détruire leurs calomnies, un Mémoire intéressant où il raconte son arrestation et son voyage à Paris. Nous n'avons rien de mieux à faire que de

le laisser parler. Son récit apporte un nouveau jour
aux événements de l'époque :

« La ville de Salers avait été, dit-il, le berceau de
mes ancêtres ; ils y étaient au rang des familles les
plus distinguées ; mon père y avait exercé avec distinction la profession d'avocat depuis 1763, lorsque
la Révolution éclata. Le Bailliage royal qui y existait
fut alors supprimé et remplacé par un tribunal dit du
District, par un décret de 1790.

Mon père aurait été un des juges de ce tribunal, si
sa parenté au degré prohibé avec M. Lescurier, ancien
lieutenant-général, nommé président, ne l'avait exclu.

Sa famille s'était retirée à la campagne de la Sabie,
au Vaulmiet, dans la commune de Saint-Vincent.
Mòn père en avait été le maire avant d'être juge à
Murat. Je le remplaçai et je remplis les fonctions de
maire pendant plusieurs années.

Pendant la durée de mon administration, le plus
grand ordre régna dans ma commune ; les châteaux,
les églises, les clochers y furent respectés, avantage
que beaucoup de communes n'ont pas eu ; de nombreux ecclésiastiques, non assermentés, y célébrèrent
le divin sacrifice dans des maisons particulières et
j'y assistais. Je fus dénoncé à l'administration du
District de Mauriac par M. B. D. pour avoir protégé
les prêtres réfractaires.

Le prêtre, M. F., étranger à la commune, mais del'arrondissement de Mauriac, condamné à la peine capitale, *comme chef de chouans*, et poursuivi, ne craignit pas de venir chez moi pour prendre du repos, s'y rafraîchir, et, s'il se sépara de moi, ce ne fut que dans la crainte de me compromettre (1).

Lorque j'appris l'assassinat du malheureux Louis XVI, j'en frémis d'horreur et il existe encore des personnes qui attesteraient m'avoir vu verser des larmes de douleur et m'avoir entendu dire que la mort de cet illustre martyr causerait le malheur de la France.

Nommé, en l'an II, membre de l'administration du département à Aurillac, j'y fus chargé de la partie qui concernait les biens, dits nationaux.

A-t-on vu mon nom sur ces fatales listes qui servirent à dépouiller de leurs biens les amis du trône que la persécution chassa du royaume et qui devinrent un arrêt de mort contre tous ceux qui mirent le pied sur le territoire français ?

Je recevais journellement dans mon bureau les parents des émigrés ; j'écoutais leurs plaintes et je demande quel est celui des malheureux qui n'a pas eu à se louer de ma manière d'agir envers lui ? J'invoque le témoignage de tous sans exception.

« Depuis longtemps la ville d'Aurillac gémissait

(1) Evidemment M. Dolivier parle ici de M. Filiol, guillotiné à auriac en mai 1793.

sous la domination de quelques hommes immoraux...
Le coquinisme s'y était établi en système... » (*Révol. du Cantal.*)

Ce fut dans ces fatales conjonctures que j'arrivais au département. La place que je devais y occuper était périlleuse et il était presque impossible que j'échappasse aux coups que portait la faction ; en effet elle ne tarda pas à me compter au nombre de ses victimes... Un arrêté du Comité de sûreté générale du 14 messidor an II (2 juillet 1794) me traduisit au tribunal révolutionnaire avec onze autres individus.

Mes compagnons d'infortune étaient M. le comte de Sartiges ; Mme de Laronade ; Mme la marquise de Fontanges ; M. de Faussanges, ancien procureur du roi à Salers ; M. Decours ; M. Falvelly, prêtre ; M. Larguèze, médecin... ils étaient bien tous des sansculottes de mon goût.

J'étais alors en mission dans le département de la Haute-Loire avec deux Messieurs d'Aurillac pour réclamer des subsistances pour le Cantal. Ces deux Messieurs, prévenus que je devais être arrêté, eurent la bonté de m'en prévenir et de me solliciter fortement à me sauver. Je résistai à leurs sollicitations par le motif que ma fuite pouvait compromettre ma famille et occasionner l'arrestation de mon père.

Je me hâtai de terminer ma mission et je partis seul pour Aurillac. J'allais arriver à la Chapelle-Laurent lorsque je vis venir deux gendarmes ; nous allions nous croiser sur la route lorsque m'apercevant qu'ils ne me connaissaient pas, je les abordai et leur dis : *Vous n'avez pas besoin d'aller plus loin, c'est moi que vous cherchez, me voici.* Ils me regardèrent ; je leur dis mon nom et je me livrai entre leurs mains.

Nous arrivâmes à Murat où nous couchâmes ; après notre souper, j'invitai les gendarmes à m'accompagner dans une maison honnête de la ville que j'étais bien aise de voir ; ils eurent l'honnêteté de me dire qu'ils s'en rapportaient à moi et que je pouvais y aller seul, ce que je fis. Le lendemain qui était un jour de foire, j'allai librement toute la matinée dans la ville. Qui doutera que je ne fus sollicité à prendre la fuite et qu'il ne fut très facile de trouver un refuge ? Je me refusai aux sollicitations les plus pressantes par le même motif que je ne voulais pas compromettre ma famille. J'ajoutai encore à ce motif celui que j'étais incapable d'exposer les gendarmes qui avaient eu la générosité de me laisser libre, à être fusillés ou destitués ; (un sieur Bonique d'Aurillac était un de ces honnêtes gendarmes, j'ignore le nom de l'autre). J'arrivai dans le même jour à Aurillac. Je fus aussitôt plongé dans un cachot et confondu avec plusieurs scélérats. Mon départ pour Paris fut différé d'un jour parce qu'on fut bien aise de choisir un jour de foire pour m'exposer, chargé de chaînes, aux regards

et parce qu'il fallait cela *pour consolider l'opinion publique.*
Ensuite on célébra cette immortelle journée par un
galas, dans lequel il ne manqua à mes égorgeurs,
pour rendre la joie complète, que de s'enivrer dans
le crâne de leur victime.

Mes bourreaux s'empressèrent d'annoncer à leurs
amis mon arrivée prochaine à Paris. « Dolivier
arrive, dit Boudier à son frère aîné, et ses notes
arrivent aujourd'hui. Il est impudent et cherchera à
compromettre ceux qui l'ont démasqué; ils ne le
craignent pas. Veilles-y, et fais-nous en part, les
patriotes triomphent et ça va. » (*Révolution du
Cantal.*)

On avait tout disposé pour me bien recevoir. Je
devais cesser de vivre peu de jour après mon arrivée (1),
« car, disait le chef des assassins, la chose presse
surtout l'arrivée de Dolivier; la sûreté de sa conscience,
sa bonne conduite ne sont pas toujours des égides
bien sûrs contre la calomnie; veille, je t'en prie, pour
l'âme qui ne cesse de veiller pour toi. » (*Révolution
du Cantal.*)

Je ne dois pas laisser ignorer qu'étant arrivé
d'Aurillac à Clermont et m'étant fait conduire chez
M. Sabatier, lieutenant de gendarmerie faisant alors

---

(1) Si Dolivier arrivait à Paris, disait Boudier aîné, dans trois
jours il sera guillotiné. (*Révolution du Cantal.*)

les fonctions de capitaine, cet estimable officier défendit aux gendarmes de me conduire à la prison et d'après sa recommandation je fus libre d'aller où il me plut. Je cite ce trait généreux de la part de cet officier pour faire voir qu'il m'était aussi facile à Clermont qu'à Murat de me sauver si les raisons puissantes que j'ai expliquées ne m'avaient pas fait faire le sacrifice de ma vie; je crois que j'aurais eu peu d'imitateurs.

Je n'arrivai à Paris que le 6 thermidor avec trois Messieurs de Rodez que j'eus le bonheur de rencontrer à Clermont et qui avaient eu la bonté de m'accorder une place dans la voiture sur laquelle on les charriait aussi à Paris. De ma vie je n'avais été aussi gai que dans ce voyage qui dura quinze jours; une dame des plus aimables, épouse d'un de mes compagnons d'infortune, mariée depuis un mois, qui avait eu le courage d'accompagner la fatale voiture et que j'avais vue plusieurs fois dans la route, me disait quelques années après à Paris : *Que vous étiez fou, M. Dolivier !* *vous aviez l'air d'aller à la noce!* Est-ce là, je le demande, l'état d'un homme dont la conscience est criminelle? Non, le coupable traîne partout un fond d'inquiétude que rien ne peut calmer.

Une heure après mon arrivé à la Conciergerie on me conduisit au greffe; ce fut pour m'enlever tout ce que j'avais sur moi, même la boucle de la ceinture de ma culotte. Je demandai qu'il me fût donné connaissance des motifs de mon arrestation. On me répondit en ces termes : *On te le fera connaître demain au tribunal, tiens-toi prêt.* Il paraît qu'on aurait tenu parole car un de mes amis qui était à Paris avait écrit à Aurillac : *Sois tranquille, mon ami, Dolivier est arrivé ce matin, dans deux jours son compte sera fait.* (*Révolution du Cantal.*)

Ma mort était assurée, sans les événements ultérieurs, je ne pouvais pas l'ignorer ; mais j'allais mourir pour mon roi, sur le même échafaud où peu d'années auparavant l'infortuné Louis XVI avait été immolé, et frappé de cette idée, la mort se montrait à mes yeux sous les formes les plus belles.

Je ne conçois pas comment j'ai pu échapper au poignard de mes assassins. *Si la chute de Robespierre fut venue deux jours plus tard, Dolivier était . f...* disait Boudier aîné à un de ses camarades. (*Révolution du Cantal.*)

Tout tombait à mes côtés, la mort frappait autour de moi les personnes de tout rang, de tout sexe et de tout âge et, au milieu de tant de têtes et de fortunes abattues, je demeurai ferme comme si le coup devait toujours porter à côté de moi et que j'eusse jeté ici-bas des racines éternelles. Les portes de la prison ne me furent ouvertes que le 21 brumaire an III (11 novembre 1794) et lorsque la justice dût frapper de son glaive l'inventeur des bateaux à soupape.

Je n'avais eu connaissance de la dénonciation faite contre moi au Comité de sûreté générale que le 27 vendémiaire précédent; j'ai intérêt qu'elle soit connue : « .Comité de sûreté générale et de surveillance de la Convention : Extrait de la dénonciation du représentant du peuple Carrier contre le dénoncé ci-après : Olivier membre de l'administration du département, contre-révolutionnaire sous les couleurs du feuillantisme et du modérantisme, ne fréquentant que les gens suspects et les feuillans, ayant voulu suspendre par un arrêté frauduleux, la vente d'un bien d'un émigré. Pour extrait conforme à l'original déposé au Comité de sûreté générale, 2 région n° 1228. Signé : Fontaine, secrétaire. »

Cette dénonciation renferme en peu de mots mon apologie ; « oui j'étais *contre-révolutionnaire*, c'est-à-dire que j'étais ennemi de la Révolution et je conviens qu'avec cette tâche je méritais la mort.

Oui je ne fréquentais que les *gens suspects* c'est-à-dire les personnes malheureuses et opprimées auxquelles je portais quelquefois des paroles de consolation ; je conviens que c'était alors un crime et que je méritais la mort.

Oui, je fréquentais les feuillans, c'est-à-dire les modérés et je fuyais avec horreurs ces monstres qui avaient adopté pour patron Jourdan d'Avignon, dit

Coupetête. C'était là aussi un crime qui méritait la peine capitale.

Guerre aux terroristes, aux intrigants, aux fripons, voilà ma devise. »

———————

CHAPITRE VI

LA FAMILLE DE LA SALLE DE ROCHEMAURE PENDANT LA RÉVOLUTION. — PILLAGE DU CHATEAU DE CHAVIGNÉ. — PRÊTRES ET RELIGIEUSES. — SIÈGE DU CHATEAU DE VEYSSET. — LE PORT-DIEU. — M. FRANÇOIS-MICHEL DE ROCHEMAURE, FUSILLÉ.

Nous n'avons pas tout dit sur l'extermination de la noblesse dans le District de Mauriac. Du canton de Salers, passons dans le canton de Champs; voici quelques nobles figures de persécutés et de confesseurs de la foi. Dans la paroisse de la Nobre, se trouve le château de Rochemaure, belle demeure féodale au sommet d'une colline entourée d'arbres. Là habitait la famille des comtes de la Salle.

En 1789, le chef de nom et d'armes de cette famille était Guillaume, comte de la Salle, marquis de Rochemaure et Marzes, en Haute-Auvergne, baron de Châvigné et de Puygermaud en Basse-Auvergne, seigneur de Port-Dieu, en Limousin, lieutenant-colonel au Royal-comtois et chevalier de Saint-Louis.

Il était né en 1724, au château de Rochemaure. Entré fort jeune au Royal-comtois, il avait fait avec distinction toutes les campagnes du règne de Louis XV et conquis bravement tous ses grades dans les batailles de Fontenoy, de Roucours, Laufeld, Rosbach, Cloterscamp. Par suite des blessures qu'il avait reçues, il perdit l'usage du bras droit et d'une jambe complètement paralysée. C'est dans cet état d'infirmité, à l'âge de soixante-cinq ans, qu'il vit fondre sur lui, sur sa famille, sur la France, le plus terrible orage des temps modernes.

L'effervescence révolutionnaire qui agitait la ville de Bort, voisine de Rochemaure, lui fit quitter cette demeure pour celle plus éloignée des villes, de Chavigné, château et terre qui lui avait été apportés en dot par sa femme Françoise de Roussillon de Chavigné.

Néanmoins, dans cette nouvelle habitation, située sur la commune de Cros, District d'Issoire, le comte et la comtesse de la Salle ne trouvèrent pas la paix et la sûreté qu'ils recherchaient. Là, comme à Rochemaure, mille vexations et tracasseries vinrent les assaillir chaque jour, malgré les précautions qu'ils prenaient pour ne pas éveiller la susceptibilité des patriotes du pays. Et ce n'était pas seulement sur eux que frappaient les coups de la Révolution, mais aussi sur les membres de leur famille.

Le comte avait un oncle prêtre, Pierre-Gilbert de la Salle, prieur du Puygermaud et d'Aydat, chanoine de Lescars où son arrière grand oncle Jean de la Salle avait été évêque.

Ce vénérable prêtre desservait son prieuré d'Aydat lorsque la Constitution civile du clergé vint lui imposer un serment qu'il repoussa, aimant mieux abandonner sa cure et ses bénéfices que d'adhérer au schime. Dieu vint bientôt récompenser sa fidélité en le tirant du milieu des méchants; il mourut dans l'hiver de 1791 à 1792, à l'âge de quatre-vingt-quatre ans.

Il y avait encore un autre prêtre dans la famille, Jean-Baptiste de la Salle, frère du comte; né au château de Rochemaure, l'enfant avait eu pour parrain un grand oncle, le frère du bienheureux Jean-Baptiste de la Salle, fondateur des Frères des Écoles chrétiennes. Devenu prêtre, Jean-Baptiste, d'abord prieur de Tauves, fut ensuite élevé à la dignité de vicaire général de l'archevêque de Vienne en Dauphiné.

La Révolution lui ayant enlevé ses dignités et ses bénéfices, il rentra en Auvergne et se cacha de son mieux à Rochemaure, à Tauves, à Chavigné. Sa présence dans le pays servit de prétexte au pillage du château de Chavigné, qui fut en parti démoli. L'ancien grand vicaire de Vienne parvint pourtant à sauver sa vie; ce ne fut que dans les premières années du dix-neuvième siècle qu'il passa à un monde meilleur.

Chassés du château de Chavigné, devenu la proie des pillards, le comte et la comtesse de la Salle-Rochemaure allèrent chercher un asile au village de Port-Dieu, lieu solitaire, non loin des bords de la Dordogne où ils avaient des domaines et une maison habitée par leur officier de justice de cette terre et de celle de Rochemaure. Presque toute leur famille vint les y rejoindre et tous se casèrent comme ils purent dans l'étroite demeure, heureux d'échapper, dans cette solitude, à la Révolution qui les poursuivait.

Un des premiers arrivés fut une sœur du comte, Marie de la Salle, religieuse cistercienne, abbesse de Lieu-Notre-Dame, diocèse d'Orléans. Femme d'une grande énergie, elle avait vaillamment tenu tête à l'orage; mais enfin arriva le jour où elle et ses religieuses furent brutalement expulsées de leur couvent.

Plusieurs mois durant, elle erra aux alentours de son monastère, mais quand elle vit que tout espoir d'y rentrer était perdu et que sa vie était sans cesse menacée, elle céda aux instances de ses deux nièces, dames de Saint-Louis, chassées elles aussi de Saint-Cyr, prit le chemin de l'Auvergne et alla rejoindre son frère au Port-Dieu.

Le comte Guillaume avait sept enfants : Louis-

Bernard, aîné; Françoise-Michelle, réligieuse de l'Abbaye de Lavassin, en Basse-Auvergne; Jeanne, célibataire; Agathe qui épousa Pierre de Ganet; Marie-Jeanne et Marie-Rose, religieuses de Saint-Cyr; et Pierre-Joseph qui était diacre quand vint la Révolution.

A l'exception de Louis-Bernard, l'aîné, qui passa les mauvais jours dans l'émigration, et peut-être d'Agathe qui était mariée, tous, chassés du séminaire et des couvents, vinrent se réfugier au Port-Dieu qui fut véritablement un port de salut, où ils passèrent en sûreté, sinon sans alarmes, les horribles jours de la Terreur.

On y menait une vie cachée, pieuse, presque monastique; on évitait les regards de la Révolution, on paraissait peu en public; on priait.

Mais hélas, la Révolution a des yeux pour tout voir et des dents pour tout dévorer. Elle découvrit bientôt cette nichée de religieuses, de prêtres et de nobles et, sans pitié, tourna vers elle ses griffes et ses appétits de bête.

Le comte, maintes fois, fut menacé d'être traduit au tribunal révolutionnaire. On recula pourtant devant l'odieux d'arracher de son lit un vieillard infirme, mais attendu qu'il était père d'un émigré, on séquestra une partie de ses biens, du moins ceux qui appartenaient ou étaient censés appartenir à son fils émigré et on les vendit à vil prix.

Sa sœur l'abbesse, ses trois filles religieuses, son fils diacre, furent à plusieurs reprises, dénoncés comme fanatiques, aristocrates, et obligés de s'éloigner, d'errer tantôt sur les montagnes de Rochefort, de Besse, du Mont-Dore où la famille possédait des fiefs; tantôt dans les environs de Mauriac, de Salers, où ils trouvaient une bienveillante hospitalité, chez des parents et des amis.

Un jour, le 30 août 1799, alors que la Révolution touchait à sa fin, l'abbesse, une des religieuses de Saint-Cyr, le diacre Pierre-Joseph et un cousin, Jean-Baptiste de Rochemaure, séminariste dans les ordres mineurs, émigré rentré, se trouvaient réunis au château de Veysset, dans la commune de Moussage, District de Mauriac, chez leur cousin M. de Douhet.

Situé sur les hauteurs qui séparent la vallée de Mars de la vallée de Marlhoux, ce château donnait asile aux nobles, aux prêtres.

Avec les dames et les messieurs de Rochemaure, se trouvait un M. de la Caussade, un ami de la famille, lequel, avec les deux fils de M. de Douhet, revenus de l'émigration, portait à sept le nombre des proscrits cachés dans le château.

Malgré les mille précautions prises pour laisser ignorer leur présence dans ce lieu écarté, les autorités du District de Mauriac finirent par savoir que le château de Veysset était un repaire d'aristocrates déguisés.

En conséquence, dans la nuit du 30 au 31 août le District envoya à Veysset la gendarmerie de Mauriac et un peloton de gardes nationaux, avec ordre d'investir le château et de s'emparer de toute cette noblesse qui s'y cachait.

Brusquement réveillés par le bruit des chevaux et l'aboiement des chiens, les messieurs de Rochemaure et leurs amis se lèvent précipitamment, prennent leurs fusils simplement chargés à plomb et s'échappent à la faveur de l'obscurité. Mais à peine ont-ils fait quelques pas que les assaillants leur crient : *Halte-là !* et déchargent leurs fusils sur eux.

Pierre-Joseph de la Salle est blessé à la cuisse, mais sans perdre son sang froid, le vaillant jeune homme et ses compagnons, ripostent courageusement à cette brusque fusillade en déchargeant leurs armes sur les gendarmes et les gardes nationaux.

Soudain hommes et chevaux, plus ou moins atteints, prennent la fuite et vont rapporter à Mauriac « que le château de Veysset était rempli de rebelles, qui avaient fait feu de toutes les fenêtres, que les dames elles-mêmes qui s'y trouvaient, avaient pris part à la lutte en chargeant les armes pour rendre la résistance plus active, que la commune de Moussage était en pleine insurrection, qu'on avait sonné le tocsin, et que, devant un pareil soulèvement, ils avaient dû céder et s'éloigner (1).

Les dames et les messieurs de Rochemaure s'étaient échappés. Le jeune Pierre-Joseph banda tant bien que mal la plaie de sa jambe et put, avec sa tante et sa sœur, gagner le Puy-de-Dôme et puis le Port-Dieu.

Diacre depuis dix ans, ce jeune homme aspirait toujours à la prêtrise que ses courses incessantes et les malheurs du temps lui avaient fait longtemps attendre.

Il fut ordonné prêtre en 1800 par Mgr de Bois de Sanzay, archevêque de Vienne. Lorsque le grand acte réparateur de 1801 eut rétabli la hiérarchie ecclésiastique le saint prélat se hâta d'envoyer au nouveau prêtre des lettres de grand vicaire; mais l'abbé de la Salle déclina cet honneur. Avec une égale bienveillance l'évêque de Clermont voulut l'attacher à son administration; le vaillant confesseur de la foi refusa humblement toute dignité et sollicita avec instance le titre de curé de cette infime bourgade du Port-Dieu où s'abritait sa famille, où il était né et où il voulait mourir en servant Dieu.

Son cousin et compagnon d'aventure, le jeune Jean-Baptiste de Rochemaure, se fit prêtre aussi et

_____

(1) Nous donnerons plus loin de plus amples détails sur cet événement et sur la famille de Douhet.

tourna vers Dieu cette exubérance d'ardeur et d'énergie sainte dont il avait donné tant de preuves durant
les terribles péripéties de la Révolution. Il se fit missionnaire ; spectacle consolant que la consécration à
Dieu de ces deux nobles jeunes gens ! Tandis que l'un
commençait sa vie d'apôtre, l'autre prenait possession
de sa modeste cure.

Le nouveau curé de Port-Dieu eut bientôt conquis
l'estime et l'affection de tous. Son père, sa mère, sa
tante l'abbesse, quatre de ses sœurs qui avaient trouvé
asile dans la pauvre bourgade pendant la tourmente,
continuèrent à s'y grouper autour du nouveau pasteur.

Alors commença pour le curé de Port-Dieu cette vie
d'oraison, de charité qui fit dire à l'évêque de Clermont, Mgr Duval de Dampierre : « Cet homme est
réellement un saint. »

Ses devoirs curiaux remplis dans toute leur étendue,
l'unique bonheur du curé était d'aller seul dans sa
misérable église déserte, à genoux sur les dalles du
chœur, sans appui aucun, passer de longues heures
en adoration devant le tabernacle. Il fallait l'arracher
à ses méditations pour l'obliger à prendre son frugal
repas ; et maintes fois on le surprenait fort avant dans
la nuit, immobilisé dans son extase, l'âme au ciel.

Le dernier témoin occulaire de ces surhumaines
adorations, le marquis de Selve, fils de Maximilienne
de la Salle, mort en 1894, tout parisien et étranger

au mysticisme qu'il fût, ne parlait qu'avec une émotion profonde de son grand oncle et de son degré de sainteté peu commune.

La vénération de ses paroissiens faisait au pieux curé une auréole dont souffrait son humilité. On allait jusqu'à affirmer que tel malade qu'il avait béni, avait recouvré la santé, que tel incendie qui menaçait de tout détruire, s'était subitement éteint dès que l'abbé de la Salle avait tracé le signe de la croix sur les brasiers ardents.

Mgr de la Salle, protonotaire apostolique, ancien curé de Sénac et de Domme, au diocèse de Périgueux, mort centenaire en 1874, le dernier des de la Salle de Périgord, disait en parlant de son parent le curé de Port-Dieu, qu'il était venu voir vers 1824 : « Je n'ai vu nul homme donner des signes, aussi manisfestes de prédestination et de sainteté, sa charité l'avait réduit à la plus stricte pauvreté, mais quelles incomparables richesses n'avait-il pas acquis pour le ciel ! »

Le curé de Port-Dieu assista à leur lit de mort la plupart des siens : — La comtesse sa mère, en 1801 ; sa sœur, la religieuse de Lavassin, en 1805 ; sa tante l'abbesse, en 1810 ; sa seconde sœur religieuse de Saint-Cyr, en 1812 ; le comte son père, âgé de 92 ans, en 1816 ; sa sœur Jeanne, en 1825.

Tous avaient fait une mort de prédestinés.

Sous la Restauration, le roi Louis XVIII envoya à

l'humble curé de Port-Dieu la décoration du Lys; en 1817 Mgr Duval de Dampierre, se trouvant aux environs de Port-Dieu, alla voir l'abbé de la Salle et lui conféra le titre de chanoine titulaire de sa cathédrale faisant les plus vives instances pour le décider à le suivre à Clermont; l'abbé par respect accepta le camail mais refusa de quitter sa paroisse.

Lui qui, pendant dix ans, avait mené la vie la plus errante, s'éloigna, de 1802 jusqu'à sa mort, une seule fois de sa résidence; ce fut pour accompagner en 1804 ses deux sœurs, les dames de Saint-Cyr, à Lyon pour recevoir la bénédiction de Pie VII qui se rendait à Paris, et aussi pour soumettre à Sa Sainteté le projet qu'elles avaient de ressusciter, sous une forme plus en rapport avec les temps nouveaux, l'Institut des religieuses de Saint-Cyr, pour l'éducation des filles pauvres.

Il ne semble pas que ce projet ait reçu aucun commencement d'exécution.

Enfin les derniers jours arrivaient pour le saint curé du Port-Dieu. Le 5 novembre 1826, malgré les rigueurs d'un précoce hiver, l'abbé continuait ses longues oraisons; sa sœur, la dame de Saint-Cyr, qui avait survécu à tous, inquiétée de son absence plus prolongée encore que de coutume, se rendit à l'église. Elle le trouva les mains jointes, la face contre terre, paraissant prosterné encore après sa mort devant la sainte Eucharistie, en face de laquelle il avait rendu le dernier soupir.

La piété des fidèles se donna libre carrière. Pendant le temps que son corps demeura exposé, on ne cessa d'en approcher divers objets de piété ; ses vêtements pieusement mis en morceaux furent recueillis par la foule.

Marie-Rose de la Salle, dame de Saint-Cyr, survécut à ses frères et sœurs. Elle fut aussi la dernière survivante de l'Institut de Saint-Louis à porter le grand cordon et la croix fleurdelisée des Dames de Saint-Cyr, au mariage de son arrière-neveu, le comte Louis-Désiré de la Salle de Rochemaure, avec Marie de Pollalion de Glavenas.

Elle mourut en 1853, âgée de plus de 80 ans.

Son frère aîné, le comte Louis-Bernard, était, avant la Révolution, exempt aux gardes du corps et capitaine de cavalerie. Il fut élu, le 27 octobre 1787, député de la noblesse à l'assemblée d'élection de Clermont. Chargé par le roi d'une mission auprès des Princes, il rejoignit Monsieur, frère du roi, à Coblentz, laissant à Chavigné sa jeune femme, Maximilienne de Courthille de Giac, qui venait de mettre au monde son premier enfant.

Le comte Louis-Bernard passa les années de la Révolution à l'armée de Condé, puis à Vienne en Autriche et à Loga en Prusse. Rentré en France en

1801, élevé au grade de colonel de cavalerie, promu chevalier de Saint-Louis, il releva le château de Chavigné qu'il habita jusqu'à sa mort, en 1839. Il avait 84 ans et était maire depuis longtemps de sa commune de Cros. Son fils continua la lignée.

A côté de la famille aînée dont nous venons de faire la pieuse histoire, et simultanément, vivait la branche cadette représentée, au moment de la Révolution, par François-Michel de Rochemaure, frère cadet du comte Guillaume.

Né à Rochemaure en 1725, il était capitaine au régiment de Clermont en 1747, chevalier de Saint-Louis en 1787. Il se trouvait à Rochemaure en 1790 et y laissa sa femme, Agathe de Giry, pour aller surveiller les intérèts considérables dont elle venait d'hériter en Forez. Il se trouvait dans cette province lorsque la ville de Lyon se révolta contre la tyrannie révolutionnaire, M. de Rochemaure, son compatriote, M. d'Auzers et plusieurs autres Auvergnats, se jetèrent dans la place pour aider à la défendre contre les armées républicaines que la Convention venait d'envoyer contre elle. Lyon succomba ; par ordre de la Convention la ville fut détruite en partie et ses habitants, massacrés, fusillés, guillotinés.

M. de Rochemaure fut blessé. Reconnu par un de ses anciens soldats du régiment de Clermont, il fut dénoncé par lui et arrêté. Il ne subit aucun jugement et, sans pitié, il fut fusillé sur la place Bellecour.

Sa femme qui avait passé la période révolutionnaire à Rochemaure, se rendit dans sa famille à Roanne, en 1798, et y mourut, laissant trois fils.

Le premier, Joseph de la Salle de Rochemaure était lieutenant au Royal-Comtois quand éclata la Révolution. Il émigra, fit toute les campagnes de l'armée de Condé. Rentré en France, il épousa en Normandie Henriette des Marets de Ganneville, près Dieppe, devint, sous la Restauration, gouverneur de cette ville et y mourut.

Le second, Guillaume, dit chevalier des Granges (village au pied de Rochemaure, aujourd'hui voisin de la gare de Bort) était en 1789 capitaine de cavalerie. Il émigra avec son frère et rejoignit l'armée de Condé. Il fut nommé chevalier de Saint-Louis en 1815 et il mourut en 1829.

L'autre cadet des fils de Michel de Rochemaure, c'est ce vaillant séminariste, Jean-Baptiste, qui, obligé de quitter son séminaire et son habit ecclésiastique, émigra avec ses frères et fit plusieurs campagnes dans l'armée de Condé. Il se trouva, nous l'avons dit, à l'échauffourée du château de Veysset. Devenu prêtre, il se livra à la prédication et bientôt il fut honoré du titre de *missionnaire apostolique*.

En 1816, il prêchait le carême à Paris. Le vieux

duc de Bourbon, père de l'infortuné duc d'Enghien, ancien chef de l'armée de Condé, voulut, en souvenir sans doute de quelque action d'éclat de son ancien volontaire, attacher lui-même sur la soutane de l'abbé de Rochemaure, la croix de chevalier de Saint-Louis.

Quand vinrent les approches de la vieillesse, l'abbé missionnaire se retira au château de Rochemaure et y mourut en 1842.

Terminons en disant que cette noble famille des de la Salle de Rochemaure a bien mérité de la patrie et de l'Église pendant les mauvais jours : quatre religieuses victimes de la Révolution, quatre ecclésiastiques confesseurs de la foi, un chevalier de Saint-Louis, martyr de la cause catholique et monarchiste (1).

(1) *Nobiliaire d'Auvergne. Dict. hist. du Cantal.* — Notes fournies par M. Louis-Félix, comte de la Salle de Rochemaure, camérier d'épée de Sa Sainteté, grand officier de Saint-Grégoire.

CHAPITRE VII

EXTERMINATION DE LA NOBLESSE DANS LE DISTRICT D'AURILLAC. — MASSACRE DE M. COLINET DE NIOCEL. — EXÉCUTION DE M. COLINET DE LA SALLE.

Dans le district d'Aurillac, la guerre à la noblesse fut poussée avec une ardeur incroyable, disons mieux, avec férocité.

Dabord quelques membres des familles nobles, officiers presque tous, passèrent la frontière, croyant tout bonnement accomplir un devoir en allant rejoindre leurs chefs sous le drapeau. Mais bientôt ceux qui restaient sur le territoire d'Auvergne, en butte aux outrages, aux mesures violentes, aux fureurs démagogiques se virent contraints de s'éloigner pour sauver leur vie. Nous avons raconté la mort de M. de la Tour et de Madame de Laronade. Voici un fait encore plus tragique qui avait déjà eu lieu Aurillac.

M. Colinet de Niocel, seigneur de Labeau (1), était lieutenant-général criminel au Bailliage d'Aurillac depuis trente ans. D'un caractère ferme dans l'accomplissement de son devoir, il ne pliait jamais quand il s'agissait de la justice et du droit, ce qui lui avait fait un sombre renom de sévérité excessive. D'ailleurs il était gentilhomme, et avait dans la ville trois ennemis résolus à le perdre : Carrier, Hébrard et Milhaud.

Carrier, natif d'Yolet, était procureur au tribunal d'Aurillac, nous retrouverons ce farouche patriote dans tous les événements sinistres de la Terreur dans le Cantal.

Hébrard Dufau Pierre était avocat à Aurillac quand il fut élu député aux Etats-Généraux, comme nous l'avons dit. A la dissolution de l'Assemblée constituante, en 1791, il fut nommé président du tribunal criminel qui venait d'être établi à Aurillac. C'était un homme d'esprit, d'une belle prestance, mais de nulle valeur morale. Pendant la Terreur il joua un rôle abominable. Il existe contre lui au moins trois mandats d'arrêts pour vols, concussions, escroqueries : le premier de la part de Musset, représentant du peuple en mission dans le Cantal, le second de la part du

(1) Niocel ou Niossel est un château de la commune de Marmanhac; Labeau, un château de la commune de Saint-Simon, deux communes du canton d'Aurillac.

Comité de Sureté générale, et le troisième, de la part
de l'accusateur public du tribunal criminel du Cantal.
Astucieux et hardi, Hébrard se tira de tous les mauvais pas.

Milhaud était d'Arpajon, bourgade à quelques
kilomètres d'Aurillac. Ils étaient trois frères de ce
nom : l'aîné fut, pendant la Terreur, capitaine de gendarmerie à Aurillac, membre de la fameuse Commission révolutionnaire du Cantal ; un de ses frères était,
à la même époque, brigadier de gendarmerie à Maurs.

L'autre cadet, Jean-Baptiste, le plus célèbre, était,
quand la Révolution commença, sous-lieutenant dans
un régiment des colonies. Plein d'ambition, il se jeta
avec ardeur dans le courant révolutionnaire, se fit
membre de tous les clubs, de toutes les sociétés popu-
laires, créa à Arpajon la *Société des hommes de la nature*
et ne perdit jamais l'occasion de se mettre en vue et
de jouer un rôle.

Pour établir sa puissance il conçut l'idée de centra-
liser entre ses mains le commandement de toutes les
gardes nationales du pays et dans ce but il parvint,
par des insinuations malveillantes, à faire destituer
le 28 avril 1791, pour soupçon d'incivisme, comme
étant gentilhomme, le chevalier de Saint-Martial de
Conros, commandant de la garde nationale de la ville
d'Aurillac. Mais Milhaud ne put parvenir à le rem-
placer ; le choix tomba sur Gourlat de la Veyrine,

ancien capitaine au long cours, frère de Gourlat, de Saint-Etienne, maire d'Aurillac.

Malgré cet échec, Milhaud ne renonça pas à son idée, et le 14 juillet 1791, fête de la nation, il convoqua toutes les gardes nationales du pays, excepté celle d'Aurillac, à une assemblée générale, sur le plateau de Graffeuille entre Arpajon et Roannes. Voici le nom des paroisses qui furent représentées à cette solennelle réunion : Arpajon, Labrousse, Roussy, La Capelle-del-Fraissy, Boisset, Vitrac, Saint-Constans, Lacelles, Saint-Simon, Saint-Paul-des-Landes, Grandelles, Ytrac, Saint-Mamet, Sansac-de-Marmiesse, Omps; Roannes, Saint-Mary, Prunet, Vézac, Gion-de-Mamon.

Les gardes nationales de ces vingt paroisses étaient là, bannières en tête, autour de l'autel de la patrie. C'était superbe.

Enflammées par les véhéments discours de Milhaud, elles jurèrent de se soutenir les unes les autres et nommèrent avec enthousiasme l'orateur leur commandant en chef.

Fier de l'importance que lui donnait ce nouveau titre, Milhaud se présenta comme candidat à la députation pour l'Assemblée législative au mois d'août 1791. Mais M. Perret lui fut préféré. Ce nouvel échec souleva dans le cœur de l'ambitieux Arpajonnais de nouvelles haines contre Aurillac et des désirs de vengeance qu'il devait assouvir quelques mois plus tard. Il résolut de s'imposer par la force, par un coup d'éclat. Il attendit une occasion; elle se présenta le 11 mars 1792; ce jour là toutes les communes du canton se réunirent à Aurillac, pour le recrutement de l'armée. L'opération eut lieu dans le vaste réfectoire des Carmes, où, depuis l'expulsion des religieux, la Société populaire tenait ses séances. Toute la jeunesse du pays, enrégimentée dans les gardes nationales, était présente et quand Milhaud parut ce fut un enthousiasme général et des acclamations passionnées. Dans un discours violent, Milhaud leur dit que leurs pires ennemis étaient dans la ville et qu'il fallait tirer vengeance de tous ceux qui n'étaient pas patriotes. Electrisés par ces paroles, les jeunes gens jurèrent « d'exterminer le premier aristocrate qui maltraiterait un patriote. » Les gardes nationales de Marmanhac, de Jussac, d'Yolet qui n'avaient pas pris part à la confédération du 14 juillet au camp de Griffeuille, déclarèrent se ranger sous le commandemant du grand patriote d'Arpajon.

« Les esprits, on le voit, étaient bien préparés. Aussi, lorsqu'après la dissolution de l'assemblée, les assistants se furent répandus dans les cabarets, la fermentation augmenta graduellement, au milieu de l'échauffement du vin et des conversations, tandis que les agents de Milhaud, passant dans certains groupes, parlaient des aristocrates d'Aurillac et désignaient mystérieusement quelques maisons suspectes : celle de M. de Niocel, celle du conseiller Capelle de Clavières, du directeur des postes et d'autres encore. M. Colinet de Niocel, vieillard de 70 ans, remplacé alors dans ses fonctions par Delzort de la Barthe, beau-frère du président Hébrard, avait paru aux meneurs une proie particulièrement facile, parce qu'il était peu populaire » (1).

Hébrard, autrefois décrété d'accusation par M. de Niocel et condamné par le tribunal, manifestait aussi son ressentiment contre l'ancien lieutenant-criminel au milieu de ces bandes avinées et surexcitées, de sorte que cette jeunesse égarée était prête à tout coup de main.

Après les opérations du recrutement, dans l'après-midi, des bandes de jeunes gens, la tête échauffée, se mirent à parcourir les rues, tambours en tête, et chantant le *ça ira*. Passant devant la maison de M. de Niocel, rue du Consulat, ils en brisent les vitres et les volets. Le soir un second assaut fut donné ; alors voyant sa vie en danger, M. de Niocel se retira chez un voisin pour y passer la nuit.

La nuit venue, beaucoup de jeunes gens se retirèrent

(1) *La Jacquerie en 1792*, intéressant opuscule de 60 pages, sur le pillage des châteaux dans le District d'Aurillac, par le vicomte de Miramon de Fargues.

et tout paraissait fini. Mais les machinations infernales des Carrier, des Hébrard, des Milhaud, qui voulaient terrifier le pays pour y régner en maîtres, devaient aboutir. Excités par eux, soutenus par tout ce qu'il y avait de démagogues outrés, de jeunes volontaires, pendant la nuit, se mettent à faire du tapage autour de l'habitation de M. de Niocel et à proférer des menaces de mort. C'est alors qu'un coup de feu part d'une croisée de la maison assiégée : il ne blessa personne, mais le vacarme fut à son comble.

Hébrard, dans le *Mémoire* qu'il fit imprimer plus tard pour se disculper des crimes dont-il était accusé, prétend que ce coup de feu fut tiré par un locataire de la maison de M. de Niocel, le perruquier Najac qui avait été chargé de faire le guet derrière les vitres brisées.

Le fils de M. de Niocel, dans sa réponse à Hébrard, affirme au contraire que le coup de pistolet fut tiré par un bandit qui se serait glissé dans la maison, afin que l'on put dire que l'agression venait de dedans : « Je répète, dit-il, que le coup de feu qui partit des fenêtres de notre maison, doit être attribué à un espion des scélérats qui méditaient d'assassiner mon père. Les informations le prouveront » (1).

_____

(1) Voir cette réponse et le Mémoire d'Hébrard aux pièces justificatives, N° 2.

Quoiqu'il en soit, les perturbateurs crièrent bien haut qu'ils avaient été attaqués et ils portèrent plainte au corps de garde voisin. Le lendemain matin, 12 mars, les officiers municipaux furent saisis de cette plainte et le procureur de la commune fut chargé de dénoncer le fait au juge de paix.

Le juge de paix délivra un mandat d'arrêt contre le prétendu coupable, M. de Niocel, et envoya quatre hommes armés pour se saisir de lui. Ne le trouvant pas dans sa maison, ils entrent dans une maison voisine, celle de M. Delsuc, notaire, et l'ayant découvert, ils l'emmènent à la mairie qui était alors la maison Broha, aujourd'hui maison Souquière, sur la place de l'hôtel de ville. De là on le conduit en prison, d'abord pour donner satisfaction aux émeutiers, puis pour mettre M. de Niocel en sûreté; ce sont du moins les raisons données plus tard par la municipalité.

Les patriotes d'Aurillac, décidés à un coup d'éclat, voulurent associer à leur sinistre projet le plus de monde possible et dans ce but ils envoyèrent des émissaires dans les paroisses voisines : Arpajon, Yolet, Ytrac, Vézac, appelant à eux toutes les gardes nationales. Ils jettent l'alarme partout, ils font sonner le tocsin dans toutes les paroisses, criant qu'à Aurillac les aristocrates massacrent les patriotes. De toutes parts accourent les fédérés, les partisans de Milhaud;

plus de six cents hommes se trouvent réunis à Arpajon.

La municipalité d'Aurillac, prévenu de ce rassemblement, députe au Directoire du département, pour le prier de prendre des mesures protectrices. Celui-ci, considérant qu'aucune garde nationale n'a le droit de sortir de son territoire sans une réquisition de l'autorité, arrête d'envoyer aux milices campagnardes la défense formelle d'envahir le sol de la commune d'Aurillac. Les deux commissaires, MM. Marmontel et Lamouroux, arrivèrent à deux heures et demie sur la place publique d'Arpajon, où ils se trouvèrent en présence d'un rassemblement considérable commandé par Milhaud et prêt à partir.

Aussitôt ils mandèrent celui-ci dans la maison commune, lui lurent l'arrêté du District et lui enjoignirent de dissoudre sa troupe. Milhaud, pour ne pas se compromettre sans retour, se déclara prêt à obtempérer aux injonctions des commissaires, et joua, sous leurs yeux, une de ces comédies qui ne furent que trop fréquemment renouvelées dans ces temps troublés, et dont nous avons recueilli la tradition des bouches les plus autorisées. Tandis qu'il adressait à la foule des paroles d'apaisement, ses fidèles passaient dans les groupes, expliquant que le commandant était contraint par l'administration de leur tenir ce langage, mais qu'il ne demandait pas mieux qu'on lui forçât la main, et que d'ailleurs la sécurité publique exigeait qu'on marchât sur Aurillac. Ils firent si bien que la grande majorité de ces bandes déclarèrent ne pouvoir, en cette circonstance, obéir à leur chef et lui procurèrent ainsi l'affront qu'il souhaitait pour couvrir une partie de sa responsabilité. Aussitôt Milhaud revint auprès des commissaires, leur peignit l'état des esprits et leur dit de tenter eux-mêmes une conciliation qu'il n'avait pu obtenir; pour lui, il allait se retirer immédiatement en un lieu secret, afin de ne pas être mêlé aux événements qui pourraient survenir. Nous laissons à penser le peu d'effet que produisirent les exhortations des commissaires d'Aurillac sur cette population surexcitée, qui leur répondait par des cris de vengeance et qui n'attendait plus que son chef pour se mettre en marche. Celui-ci, comme il l'avait annoncé, s'était caché, de façon à donner le change sur ses intentions, mais pas assez bien toutefois pour qu'on ne le découvrit facilement. Aussi, lorsque, quelques instants après, on l'eut retrouvé dans la maison du maire, satisfait de cette simagrée qui sauvait les apparences, il se laissa faire violence le mieux du monde et se mit résolument à la tête des émeutiers.

Moins d'une heure après, il rangeait sa troupe en bataille sur la grande place d'Aurillac » (1).

(1) *La Jacquerie en 1792.*

Les confédérés posent leurs fusils en faisceaux pendant que leurs chefs vont sommer les autorités de leur livrer M. de Niocel ; la municipalité cherche à parlementer disant que le prisonnier appartient à la justice.

Furieux de ces délais, les émeutiers marchent, l'arme au bras, vers la prison, enfoncent les portes, saisissent M. de Niocel et le traînent déjà blessé vers la place publique. Au milieu de cette infernale bagarre quelques personnes dévouées parviennent à dégager l'infortuné vieillard mais au lieu de le faire évader, il le font entrer dans l'hôtel de ville et en ferment les portes. On aurait pu le sauver ; mais où était le maire, M. Gourlat ? où était la gendarmerie ? où était la garde nationale d'Aurillac ? Personne ne les voit venir au secours ; les nombreux documents qui existent sur cette triste tragédie n'en font aucune mention. Quand la garde nationale fut convoquée, il était trop tard. Ne trouvant donc aucune résistance, les forcenés entourent l'hôtel de ville, l'assiègent à coups de haches, les portes cèdent. Du haut des fenêtres quelques officiers municipaux tentent en vain de calmer les assassins ; on les couche en joue. L'hôtel de ville est envahie, fouillé dans tous ses recoins. Un des bandits découvre le vieillard dans les combles du grenier, sous des fagots de bois ; M. de Niocel lui offre sa montre d'or en le priant de garder le silence sur sa découverte; le scélérat accepte la montre mais il va appeler ses camarades. Du grenier l'infortuné vieillard est traîné par les pieds, sa tête frappant sur chaque degré des escaliers, jusque sur la place publique au milieu des cris de mort. Là s'engage une lutte à outrance entre les assassins et quelques citoyens courageux, parmi lesquels on cite M. Charles Vacher de Tournemire, dit Bourlange, procureur-général-syndic du Directoire et M. Jean-Louis-Joseph de Falvelly, membre du Directoire du département. Ceux-ci font des efforts inouïs pour sauver le malheureux de Niocel; ils ne parviennent qu'à sauver son fils. Pendant qu'ils emportent le fils on massacre le père. Un forgeron d'Arpajon, lui coupe la tête avec une hache. Quelques jours plus tard, dans l'expédition contre Montsalvy, ce même forgeron, brandissant la même hache, disait cyniquement : « Voilà la hâche qui a coupé là tête à Niocel, il y a encore du sang, il faut qu'elle coupe aussi les têtes du curé et du maire de Montsalvy. »

La tête de M. de Niocel fut hissée au bout d'une fourche et promenée à travers les rues de la ville par des bandits, au milieu desquels on apercevait Milhaud qui serrait la main des assassins, en signe de satisfaction (1).

A la nouvelle de cet affreux événement les deux

(1) Le *Moniteur Universel*, t. 12, p. 15. — *Les Exécutés* par Boudet. — Le journal le *Décadaire*, N° 15.

fils de M. de Niocel, Antoine-Raymond et Charles-Henri, qui avaient déjà quitté Aurillac, sortent de France où ils ne se croient plus en sûreté. Ils sont portés sur la liste des émigrés. Le troisième, François, celui qui était à côté de son père à l'heure du massacre, se rendit plus tard à Paris pour dénoncer à la Convention, Milhaud « comme l'un des auteurs de l'assassinat de son père ». La Convention le renvoya à se pourvoir devant le tribunal criminel d'Aurillac. Mais les mauvais jours se prolongeant, non seulement il n'obtint pas justice, mais il fut même emprisonné avec sa mère à l'instigation d'Hébrard et de sa bande alors toute-puissante. Il obtint pourtant son élargissement provisoire et celui de sa mère moyennant la somme de six mille francs. Enfin liberté définitive leur fut accordée par le Comité de sûreté générale. Mais encore Hébrard essaya de les faire incarcérer de nouveau. C'est ce que nous apprend François de Niocel lui-même dans sa réponse à Hébrard. « N'étais-je pas une des victimes que tu envoyais au tribunal révolutionnaire ? le sang de mon père ne te suffisait pas, il te fallait le mien pour apaiser ta soif. Lorsque ma mère et moi eûmes obtenu notre liberté définitive, ne fus-tu pas, Hébrard, à différentes reprises, provoquer au club notre incarcération ? » (1)

(1) Voir Pièces justificatives N° 2.

« M. Colinet de Niocel ne fut pas le seul de la famille à périr révolutionnairement. M. Pierre-Maurice Colinet de la Salle, lieutenant-général au Bailliage de l'Epinal, fut exécuté dans les premiers jours du mois d'août 1794, à Paris, pour avoir écrit à ses neveux émigrés » (1).

Voici sur Colinet de la Salle, ce que dit Wallon :

« P. Maurice Colinet de la Salle-Chonville (39 ans), ci-devant lieutenant-général du Bailliage de l'Epinal, accusé de correspondance avec les émigrés. Il leur avait fait passer de l'argent. Il convenait qu'il avait envoyé à sa belle-sœur mille quarante livres sur ses revenus. Et puis il avait donné sa démission en juin 1792. On avait trouvé dans ses papiers un projet de lettre à un député où il lui faisait les plus sanglants reproches pour avoir voté la mort du roi. Il avait, dans le même esprit, écrit un projet d'adresse des communes de 'Lorraine, calqué sur l'adresse des cent cinquante communes de Normandie. Condamné à mort, il fut exécuté le même jour, 1 août 1794, à sept heures du soir » (2).

(1) Boudet, *Les Exécutés*, page 88.

(2) *Histoire du tribunal révolutionnaire de Paris*, t. 1, p. 266.

CHAPITRE VIII

FAITS ET GESTES DES BANDES DE MILHAUD DANS LE
DISTRICT D'AURILLAC. — PILLAGE OU INCENDIE
DES CHATEAUX DE CONROS, DE CAILLAC, DE VELZIC.

Le sang, que les patriotes venaient de verser, leur
monta à la tête et les jeta dans le délire.

« Cet exploit, dit Boudet, eut des conséquences déplorables. Il montra aux chefs Arpajonnais ce qu'ils pouvaient oser sans péril. Ils convoquèrent immédiatement
les gardes nationales du District d'Aurillac ; quand nous
disons les gardes nationales, nous voulons dire cette
partie malsaine et violente qui se trouve dans les
corps les meilleurs. Il faut bien savoir qu'il en est de
même dans toutes les révolutions ; les honnêtes gens
s'abstenaient à cette époque de tout service de garde
national quand il s'agissait d'une expédition de ce
genre. Mais les meneurs pouvaient toujours compter
sur une troupe composée de gens sans vergogne ou
de malheureux que la solde attirait.

Il se jetèrent les 19, 20, 21 mars et jours suivants sur les châteaux du pays » (1).

Milhaud comptait sur les bandes armées. Pour les exciter de plus en plus et les pousser en avant, il leur persuadait que leur devoir était de ne rentrer dans leurs foyers qu'après avoir achevé l'œuvre de la vengeance populaire ; il ajoutait qu'il était venu de Paris l'ordre de détruire tous les châteaux. Ce langage entretenait dans le pays un frémissement de révolte et une fermentation extraordinaire que les modérés avaient peine à contenir. Enfin le troisième jour après le meurtre de M. de Niocel, Milhaud lance ses meutes affamées.

Le premier château qu'elles rencontrent est celui de Conros, sur la paroisse d'Arpajon non loin des bords de la Cère. Il appartenait à la famille de Saint-Martial, représentée alors par trois frères et deux sœurs.

Les bandits y mettent le feu ; mais il se ravisent et, pensant qu'il était mieux de s'emparer du riche mobilier que de le brûler, ils arrêtent l'incendie et font à qui mieux mieux dans le pillage.

Le même jour ils se jettent sur le château de Caillac, sur le territoire de Vezac, commune voisine. Ce vieux manoir appartenait à la famille de Beauclair.

_____

(1) *Les Exécutés.*

Cette famille tirait son nom d'un château dont on voit encore les ruines dans les hauteurs de la vallée de Fontanges, canton de Salers.

Quand les pillards arrivèrent, madame de Beauclair s'enfuit emportant dans ses bras son jeune enfant qui mourut sur les montagnes. La mère désolée, après des fatigues inouïes, arriva à Clermont où elle se cacha, avec son mari. Celui-ci avait un frère qui fut également persécuté par la Révolution. Ces deux gentilshommes ne sont pas portés sur la liste des émigrés mais il sont inscrits sur la liste des suspects, de Carrier, en ces termes : « Caillac, dit Beauclair, et sa femme : anciens nobles, prôneurs de la contre-révotion, s'étant retirés à Clermont pour avoir plus de facilité à conspirer et d'entretenir correspondance avec les Lyonnais et les émigrés, violemment soupçonnés d'avoir fourni des fonds pour l'émigration du Cantal. — Caillac-Beauclair, dit Lagrillière (1), ex-noble, grand usurier, antique tyranneau de province, aristocrate ouvert et prononcé, soupçonné fortement ainsi que son frère, tous les deux puisamment riches, d'avoir fourni des fonds aux émigrés du Cantal.»

Pendant la Révolution, M. de Beauclair et sa femme ne sauvèrent leur vie qu'en gorgeant d'or les potentats du jour. Il donna une fois 7,900 livres à

---

(1) Lagrillière est un hameau de la commune d'Arpajon.

Alary qui devait les partager avec Perthus et Boudier cadet. Perthus en eut 3,000. C'est ce que nous apprend Alary lui-même dans sa déposition :

« Alary : pour apaiser Perthus qui menaçait Beauclair, je lui ai remis 3,000 livres de sa part. Beauclair m'avait donné 7,900 pour Perthus et Boudier, cadet.

De Beauclair déposa lui-même : « j'ai donné à Alary pour racheter une lettre trouvée dans les papiers de Lastic, mon beau-frère et qui était entre les mains de Fau, agent national et de Boudier administrateur, une somme de 12,000 francs dont six mille en assignats et deux billets au porteur de 3,000 chacun. Alary me rapporta un billet disant qu'il fallait de l'argent. Alors je retirai le billet et comptai 3,000 livres ; le 14 octobre dernier (vieux style) j'acquittai l'autre billet à Gard fils, de Jacques-Desblats (Saint-Jacques-des-Blats), qui en était porteur.

Une autre fois Beauclair donna 1,500 francs. En voici la preuve : « Lajeunie dépose : j'ai envoyé par Dilhac, une somme de 1,500 francs au président Brugoux, pour l'engager à donner à Beauclair et à sa famille des notes favorables. »

— Brugoux, dans son interrogatoire, convient avoir reçu les assignats après bien des refus et dans la crainte seulement que Dilhac ne les retint et ne dit les avoir donnés. Il ajoute *qu'il fit un billet* que Dilhac refusa et qu'ayant retrouvé ce billet dans ses papiers *depuis le 6 brumaire*, il le renvoya à Beauclair qui ne l'a pas voulu parce qu'il n'était que de 1,170 francs que Brugoux prétend avoir seulement reçu.

Dilhac dépose : « Dans le temps de la Commission, Lajeunie m'exposa que Beauclair était encore en arrestation, qu'il désirait en sortir, qu'il craignait de plus que la *Commission* ne lui rendît pas justice dans les notes qu'elle allait faire sur son compte. Il m'invita à porter de l'argent à Brugoux. Je fus trouver Brugoux qui d'abord me parut refuser de si bonne foi que je remis l'argent dans la poche ; mais sur quelques observations qu'il me fit je crus que ses scrupules étaient levés ; j'offris l'argent et il fut accepté.

Brugoux me proposa d'en faire un billet que je ne voulus pas accepter ; nous finîmes par déjeuner ensemble. Lajeunie a dit m'avoir donné 1,500 francs je ne sais pourquoi. Brugoux n'en a accusé que 1,170, au reste j'ai donné ce qu'on m'a remis ».

Beauclair dépose : « J'ai reçu, depuis le 6 brumaire, de la part de Brugoux 1,170 francs, dont j'ai fourni quittance à Lacarrière, officier de santé ».

Le dernier des Beauclair, Charles de Beauclair, sous-préfet d'Aurillac, s'est honoré en faisant des legs considérables aux établissements de charité de cette ville par son testament du 1er mars 1817. Il a légué deux domaines à l'hospice ; six mille francs aux sœurs de la charité ; deux mille francs au collège ; deux mille francs aux pauvres de sa paroisse et d'autres sommes à ceux des autres communes. Il mourut en 1817.

Après avoir dévasté le château de Caillac, les pillards courent après d'autres exploits.

Le même jour, 15 mars, et les jours suivants, un attroupement se forme dans la commune de Lascelles et se porte sur le château de Velzic appartenant à la marquise veuve de Fontanges. Elle était absente et les démagogues lui firent écrire qu'elle avait à donner pour sa part de contribution une somme de douze mille deux cent quarante francs. En attendant une réponse, ils placèrent au château une garde de plusieurs hommes qui se succédaient jour et nuit, qui faisaient bonne chère et se livraient à toutes sortes de désordres. Le District d'Aurillac avait enjoint à la municipalité de Lascelles de faire retirer cette garde, mais ladite municipalité, soit mauvaise volonté, soit impuissance, n'avait point délivrer le château.

Si la somme demandée arrive, disaient les hommes de garde, nous nous retirerons, si elle n'arrive pas, nous pillerons le château et nous y mettrons le feu. Une demoiselle Esteyric, qui habitait le château, faisait toujours espérer la somme et les buveurs de vin prenaient patience.

Sur ces entrefaites les 36 administrateurs du département se réunissent et ayant appris les désordres

de Velzic, firent appeler le maire de Lascelles et lui
demandèrent pourquoi il permettait des attroupe-
ments dans sa commune et des voies de fait contre
le château de la dame de Fontanges. Le maire répondit que la municipalité avait fait tous ses efforts pour
s'opposer à ces voies de fait, que son autorité avait été
méconnue et sa propre vie en danger.

L'assemblée, dans sa séance du 9 avril, considérant
qu'il importe de faire cesser de pareils brigandages,
ordonne au Directoire du District d'Aurillac de faire
partir pour Lascelles cent cinquante hommes de la
garde et cinq brigades de gendarmerie pour arrêter les
coupables.

Mais lorsqu'ils arrivèrent la garde avait disparue et
tout était rentré dans l'ordre. Anne Boudon, aubergiste à Velzic, déclara au commandant des gardes nationaux d'Aurillac que les hommes de garde au château avaient pris pour environ deux cents francs de
vin, par ordre de Pierre Olivier, habitant du village.
Cet Olivier soupçonné d'être fauteur du trouble fut
arrêté et livré à la justice (1).

La branche des Fontanges, de Velzic, fut très éprou-
vée pendant la Révolution. Tous ses biens furent
vendus nationalement.

Le 16 mars, à Giou, soudain le tocsin sonne.

---

(1) Procès-verbal de l'Assemblée départementale de 1791.

Le maire accourt sur la place suivi de plusieurs membres du conseil municipal et il se trouve en présence d'un énorme rassemblement d'Arpajonais et d'autres gens du pays. Il les somme de se dissiper et s'ils ne le font, il sera obligé à son grand regret, de proclamer la loi martiale. Mais les pillards, loin de se soumettre, se redressent et d'un ton menaçant crient au maire et aux conseillers « que s'ils le faisaient, il leur en coûterait cher. » Le maire insiste, mais la bande dont la colère s'enflamme, leur dit « de se retirer bien vite et de ne pas s'aviser de dresser procès-verbal de la ronde qu'elle faisait sur son territoire ».

Sur ce, la municipalité de Giou, voyant sa vie en danger, jugea prudent de se retirer et d'abandonner le champ de bataille aux bandes de Milhaud.

Elles continuent donc leur ronde dans la commune de Giou et dans celle de Saint-Simon, envahissant les demeures des nobles, des prêtres, des gens riches, brisant les meubles, emportant le mobilier, vidant les caves, dépeuplant les basses-cours, commettant partout de monstrueuses exactions et levant *au nom de la loi* des contributions violemment arrachées à de braves gens sans défense.

« Et par qui ces vexations étaient-elles commises ? Par des citoyens Français, des gardes nationaux, précédés de leurs bannières, des officiers municipaux en écharpe qui tous avaient juré de maintenir la Consti-

tution de tout leur pouvoir et de périr jusqu'au dernier plutôt que de laisser violer la sûreté des personnes et des propriétés. De tels forfaits font frémir
et déshonnorent ceux qui les commettent » (1).

(1) Procès-verbal de l'Assemblée départementale de 1792, p. 17.

CHAPITRE IX

PILLAGE DE MONTSALVY.

Les bandes de Milhaud, ne trouvant plus de châteaux à piller dans les environs d'Arpajon, demandèrent à étendre le cercle de leurs opérations. Milhaud les conduisit à Montsalvy. C'était le chef-lieu d'un canton peu disposé à accepter les idées nouvelles et où d'ailleurs les patriotes espéraient trouver un immense butin.

Depuis plusieurs jours, Montsalvy était agité par les menées de quelques démagogues qui avaient juré haine à M. Jalinques, curé de la paroisse, parce qu'il n'avait pas prêté serment, et à M. Casses, notaire et maire, parce qu'il était trop aristocrate.

Le dimanche, 18 mars, la population était dans une agitation extrême. Parmi les exaltés était le sieur Bonnet, dit Lavernhe, fils du juge de paix de Montsalvy, qui tenait les propos les plus incendiaires : « Je donnerais, dit-il, la moitié de mon bien qu'on coupât la tête à Casses — sont-ils partis le maire et le curé ? — s'ils ne sont pas partis j'irai les chercher moi-même, et dût-il m'en coûter ma maison brûlée, au moins j'aurais le plaisir de les voir pendus. » Dans ce but, il appela les Arpajonnais qui d'ailleurs étaient. déjà en course, occupés à piller les châteaux.

Le lundi, 19 mars, six jours après le massacre de M. de Niocel, ils arrivent à Montsalvy avec d'autres patriotes du pays, faisant tous ensemble un total de deux mille hommes commandés par Milhaud, dont trente environ étaient à cheval sous le commandement de Vaurs aîné, autre citoyen d'Arpajon.

Bonnet et ses amis allèrent au-devant de la troupe à quelques pas de Montsalvy.

Les bandes républicaines se dispersent par peloton dans la ville. Le maire et le curé ont pris la fuite. Le pillage commence. Voici le compte-rendu du pillage de la maison du maire :

« A M. Firmin de Montavile, lieutenant de la gendarmerie nationale à la résidence de Maurs :

« Pierre Casses, notaire royal et maire de la commune de la ville de Montsalvy, a l'honneur de vous exposer qu'un attroupement d'environ deux mille hommes, marchant à leur tête plusieurs prétendus commandants, entr'autres le sieur Milhaud, d'Arpajon, s'étant rendus à Montsalvy, le 19 mars dernier, armés de fusils, baïonnettes au bout, pistolets, sabres, piques, fourches de fer, faux, haches et autres diffé-rents instruments, y firent le plus grand mal, entr'-autres audit sieur Casses. Un groupe de ces hommes se rendirent dans sa maison où ils burent tout son vin jusqu'au dernier verre, s'emparèrent de tous ses approvisionnements tels que pain, lard, jambons, graisse, huile, fromage, cassèrent et brisèrent toutes les vitres de ses fenêtres, portes vitrées, contrevents, cabinets, coffres, armoires, dissipèrent et enlevèrent tous ses souliers, bas, porte-manteaux, deux pen-dules, en brisèrent les boîtes, deux tourne-broches, passèrent la nuit dans sa maison, placèrent plusieurs chevaux dans son écurie; ils firent dans la maison leur mangeaille pendant toute la nuit, tuèrent toute la volaille; les bois de lit qu'ils préféraient leur servaient à faire feu. Ils distribuèrent et s'emparèrent de toutes les garnitures de ses lits, matelats, coëtes de plume, couvertures, rideaux, brisèrent et foulèrent aux pieds plusieurs de ses propres titres, minutes et terriers dont il était dépositaire comme notaire et en enle-vèrent d'autres, s'emparèrent de l'argent qu'ils purent trouver, vaisselle, cuivres, sans rien excepter, de ma-nière qu'ils ne laissèrent que les quatre murs. Ils eussent même mis le feu à sa maison si la crainte de l'incendie des maisons voisines ne les eut retenus, s'emparèrent des burettes d'argent avec la navette du ci-devant prévôt de Montsalvy, dont ledit Casses était dépositaire; ils distribuèrent tout le seigle, avoine, blé noir et autres denrées qui étaient dans les greniers, qui se portaient à plus de 150 septiers, mesure de Montsalvy.

Le sieur Bonnet, fils du juge de paix de Montsalvy, avait dit la veille de cet attroupement, jour de dimanche, « qu'il donnerait la moitié de son bien qu'on coupât la tête audit sieur Casses et que toute la famille de Ruols n'empêchera pas de le faire ». Guillaume Colon, Pierre Seriez, Flegs, secrétaire, greffier du juge de paix, Raymond Montarnal, Rispal, enregistreur, Jean-Baptiste Faliès étaient du nombre de ceux qui entendirent tenir ce propos au sieur Bonnet, dit Lavernhe; c'est à la suite de ce propos qu'il se rendit avec ce groupe d'hommes dans les greniers de l'exposant pour y présider à la distribution de ses grains.

Le nombre de ceux qui se rendirent à Montsalvy en attroupement, disaient publiquement qu'ils ne se seraient pas rendus à Montsalvy si certains citoyens de la ville ne les avaient sollicités de s'y rendre. Ces deux circonstances n'excusent pas le sieur Bonnet, dit Lavernhe; pour l'éclaircissement de ce fait l'exposant a l'honneur de vous indiquer pour témoins Jean Paul, François Brechet, serruriers; Jean Bonnet, dit Camelier et Jean Madamour, tous de Montsalvy et autres. D'une fois que le sieur Bonnet demeurera convaincu de ces faits, outre qu'il ne peut pas éviter la punition, doit-être tenu à restitution conjointement avec son père, Guillaume Bonnet.

« Le sieur Jean Vaurs aîné, d'Arpajon, était un de ceux qui passèrent la nuit dans la maison du sieur Casses, il est sans doute un de ceux qui présidaient au mal et tort qui furent faits à l'exposant dans sa maison, exploitation et enlèvement de ses effets. C'est après cet exposé que ledit sieur Casses a l'honneur de vous donner sa plainte contre le sieur Bonnet, dit Lavernhe et ledit sieur Jean Vaurs, leurs fauteurs, complices et adhérents, à ce qu'il vous plaise, Monsieur, d'en informer contre eux et donner au sieur Casses acte de sa plainte. Signé : CASSES. »

M. Casses avait deux maisons, la seconde ne fut pas plus épargnée que la première. Dans la cave de la seconde étaient deux *charretées de vin :* l'une fut bue sur place, l'autre sur le champ de foire.

Le vingt-cinq juin, le lieutenant de la gendarmerie de Maurs arriva à Montsalvy et fit une enquête qui constata les fait énoncés dans la requête du maire. Voici quelques-unes des dépositions des témoins :

Jean-Paul Tisserand dépose que le sieur Antoine Bréchet de la commune de Jussac, qu'il croit-être un des commandants de la troupe, lui dit : « Ah ! bougres, vous nous avez mandés venir, vous êtes bien coquins, mais vous la paierez. »

Jean-Laurent Flèche, greffier du juge de paix, déclare que le même Brechet, de Jussac, avait dit : « qu'on voulait la tête du sieur Jalinques, ci-devant curé de Montsalvy ; celle du sieur Delmas, notaire et celle du sieur Casses, notaire aussi. »

Pierre Seriez, de Lavernhe, paroisse de Montsalvy, déclare que le 18 mars il avait entendu le sieur Bonnet, dit Lavernhe, dire à Guillaume Roque, gendre de Casses : « Eh bien, ton beau-père n'est pas parti encore, il faudra bien qu'il parte. » Il déclare en outre qu'il avait vu *le Fabre d'Arpajon* (1) dans les greniers de Casses distribuer du blé à ceux qui en voulaient. Il ajoute que lui, déposant, il avait été forcé par deux particuliers de l'attroupement de conduire avec des bœufs, le 20 mars, de Montsalvy à Lafeuillade, une barrique de vin et que, chemin faisant, il avait aperçu que le Fabre d'Arpajon emportait une nappe pleine de plomb de croisées et une pendule sous le bras enveloppée d'une serviette.

Jean-Baptiste Taliès, aubergiste à Montsalvy, dépose avoir entendu dire à Jean Vaurs, aîné, d'Arpajon : « C'est au maire que nous en voulons, il paiera

(1) *Le Fabre*, traduction patoise du mot forgeron.

tout; c'est un aristocrate, c'est lui qui cause tout le trouble. »

Antoine Goudergues, journalier : « Le Fabre d'Arpajon voulait me donner à emporter environ huit serviettes, un plat d'étain et une bassinoire, mais je n'ai pas voulu m'en charger. »

Jean Montarnal : « Le lundi à deux heures après midi m'étant rendu par curiosité dans la maison de Casses, j'ai vu le pillage aux trois-quarts fait à la réserve du blé que le Fabre d'Arpajon distribuait à ceux qui en avaient le plus besoin, disant : « J'ai tué un homme, mais il faut faire des bonnes œuvres aujourd'hui. »

Antoine Bromet, charpentier, déclare que lundi 19 mars dernier, sur les huit heures du matin, le sieur Bonnet, dit Lavernhe, avait rassemblé une huitaine de personnes et était allé au devant de l'attroupement qu'on attendait, et qu'en chemin ledit Lavernhe leur avait dit : « Il faut de ce coup avoir la tête de l'ancien curé et celle du maire; c'est ce bougre là qui cause tous nos troubles; dût-il m'en coûter la moitié de mon bien, il sera décapité... » Il ajoute que lui, déposant, il avait entendu, pendant qu'on pillait, le Fabre, ayant d'une main une pendule et de l'autre une hache, dire : Voici la hache qui a coupé la tête de Niocel; il y a encore du sang, il faut quelle coupe encore celles du curé et du maire. »

Pierre Bromet, tailleur, dépose avoir entendu le

Fabre disant : « Maintenant je vais aller faire une bonne action en distribuant aux pauvres le blé du sieur Casses pour réparer les souffrances que j'ai fait souffrir au sieur Niocel. »

Suivent d'autres dépositions, mais c'est assez (1).

Les compagnons de Milhaud ne se bornèrent pas à la dévastation de la maison du maire ; toute la ville devint la proie de ces deux mille rôdeurs, ardents à la curée, aux bras nerveux.

Dans un document des archives d'Aurillac, nous lisons :

« Lundi, 19 mars 1792, plusieurs gardes nationales, commandées par Milhaud, d'Arpajon, arrivèrent à Montsalvy et Milhaud permit le vol et le pillage. Ils brisèrent les portes des archives de la Collégiale et, entre autres choses, enlevèrent le bâton pastoral du Prévot, qui était d'argent. »

Il est facile de concevoir le désordre, le dévergondage, les excès en tous genres, auxquels se livra ce ramassi de vauriens commandés par un Milhaud. Ils se retirèrent enfin emportant des meubles, du linge, des pendules, de l'argenterie, des barriques de vin, etc.

(1) Procès verbal de l'enquête, manuscrit original, en mes mains.

CHAPITRE X

PILLAGE DU CHATEAU DE LADINHAC. — INCENDIE DES
CHATEAUX DE MONTLOGIS, DE LA BESSERETTE, DE
SÉNEZERGUE. — ILLUMINATIONS ARPAJONNAISES. —
DÉVASTATION DES CHATEAUX DE LA RODDE, DE MURAT,
DE CONQUANS, DE POUX. — MONSEIGNEUR D'HUMIÈRE.

Après le pillage de Montsalvy, Milhaud, avec ses
bandes, revint dans la commune de la Lacapelle-del-
Fraissy, à la Feuillade, où il établit le centre de ses
opérations. De ce quartier général, entouré des gardes
nationales de plus de quinze paroisses, il envoyait ses
fidèles compagnies piller et brûler les châteaux voisins.

Le château de Ladinhac fut attaqué, dévasté de la
cave au grenier, ainsi que plusieurs maisons de la contrée; puis les hordes dévastatrices se portèrent sur le
château de Montlogis dans la même commune.

Le château de Montlogis appartenait à la famille de
Chaunac-Lanzac. A l'arrivée des pillards, M. et Mme de
Chaunac eurent à peine le temps de s'échapper, em-
portant deux petits enfants dans deux paniers, sur une

ânesse. Après qu'on eut tout enlevé, meubles, linge et comestibles, Milhaud ordonna d'y mettre le feu et de se retirer ; mais l'incendie mal allumé, s'éteignit ; alors un voisin courut avertir la bande déjà loin ; elle revint et cette fois elle ne s'éloigna qu'après que tout fut consumé par les flammes. Il ne reste aujourd'hui de ce château qu'une tour au milieu de vastes ruines.

Dans la même commune de Ladinhac se trouvait le château d'Auberoque appartenant à une branche de la famille de Fontanges. Il fut sans doute pillé comme les autres, mais je n'ai pas de données positives.

Le même jour, le château de Labesserette appartenant à M. d'Humière de Marcolès était en feu, on ne laissa que des ruines.

Après l'incendie de Labesserette vint celui du château de Sénezergues.

« Depuis deux jours, le château de Sénezergues recevait la visite de détachements armés que Milhaud y envoyait, avec ordre d'y festoyer. Les premiers arrivants, paisibles gardes nationaux de la commune, se contentèrent de visiter les caves et de se griser abominablement. Survinrent après eux des étrangers, venus, pour la plupart, des paroisses voisines, armés de fourches et de hâches, qui intimèrent aux premiers de leur céder la place. Puis, voyant que ceux-ci étaient totalement abrutis par une orgie de deux jours et de deux nuits, ils se mirent, sans plus de scrupules, à déménager les meubles et les effets du château. Pendant qu'ils étaient occupés à cette agréable besogne, la bande qui venait d'incendier Labesserette fit à son tour son apparition. En vain, les gens de la maison offrirent une forte somme en assignats pour obtenir qu'on épargnât au moins les bâtiments ; en vain pour tâcher de gagner du temps, ils promirent de faire monter sur le toit un couvreur qui enlèverait les girouettes : on leur répondit qu'on désirait aller plus vite en besogne ; et le maire, affolé par les menaces, refusa son intervention. Alors, tandis que des citoyens courageux, l'abbé Puech, de Martrou ; son frère ; Mas, de Lafont ; Plantecoste, del Mas, conjuraient la foule de ne pas commettre un nouveau crime, deux misérables montèrent au dernier étage de l'habitation, et là, au moyen de la batterie de leurs fusils, ils mirent le feu à une quantité d'étoupes qu'ils placèrent dans la paillasse d'un lit. L'incendie, se communiquant avec une rapidité imprévue, envahit bientôt la toiture tout entière, pendant qu'en bas on parlementait encore. Les quatre hautes tours, qui flanquaient le corps de logis, apparurent soudain avec un panache de flammes et, comme des torchères énormes, éclairèrent une scène d'une inoubliable horreur. La foule, surprise par cette crainte de destruction imminente avant que sa cupidité ne fut assouvie, se rua au pillage du colosse, disputant une proie aux flammes et jetant les meubles par les fenêtres. C'était, dans la cour, une course affolée de gens emportant leur part de butin, un mélange effrayant de cris d'hommes et d'animaux : car les paroisses voisines étaient accourues avec des chars à vaches et déménageaient les greniers à blé. Enfin, pour compléter ce spectacle sauvage, on vit tout à coup se balancer, au dessus de la porte d'entrée, le corps d'un des domestiques de M. du Barra, que la foule pendait pour le punir de son dévouement à ses maîtres. Ce fait, qui nous a été souvent raconté, n'est cependant pas consigné dans la déposition de Jean Mondonet (1).

Des hauteurs de la Capelle-del-Fraissy, ajoute M. de Miramon, Milhaud et ses amis pouvaient applaudir à leur œuvre en contemplant les lueurs de ce qu'ils appelaient plaisamment entre eux les *illuminations Arpajonnaises*. Autour de ce sinistre feu de joie, toutes les forces de la Jacquerie s'étaient rassemblées. Le lendemain elles se divisèrent en trois bandes : la première retourna à Ladinhac où elle pilla l'habitation de M. de Boissieux et démolit deux tours ; la seconde prit la direction de la Capelle-del-Fraissy pour s'attaquer au château de la Rodde, appartenant à M. de Lacarrière-Comblat (2) ; la dernière enfin se dirigea sur la Motte où demeurait

(1) *La Jacquerie en 1792*, page 36.

(2) M. de Lacarrière se plaignit plus tard qu'on lui avait fait pour plus de soixante mille francs de dégats.

M. le baron de Bonafos, mais elle fut arrêtée en route par la garde nationale de Mourjou et prit la direction de Leynhac où elle se livra à des scènes de dévastation.

Le château de Longuevergne fut aussi pillé en partie. Sa destruction fut empêchée par la municipalité de Leynhac. Les bandes incendiaires se dirigèrent vers les communes de Vitrac et de Marcolès.

A ces bandes se joignit la garde nationale de Boisset. Cette commune était fanatisée par le démagogue Hugue Lac, son maire, qui aspirait à la célébrité de Milhaud, et voulait jouer, dans le canton de Maurs, le même rôle que Milhaud jouait dans les cantons d'Aurillac et de Montsalvy. Après la mort de Robespierre, le 9 thermidor, cet homme fut condamné à douze ans de fers pour vols et détournements de fonds. Ce patriote, suivi de ses affidés, et de concert avec le maire de Saint-Etienne-de-Maurs, attaqua d'abord les châteaux de Murat sur cette dernière paroisse, appartenant à la famille de Peyronnenq. Ces deux châteaux, à côté l'un de l'autre, étaient joints par une galerie. Ils furent dévastés et on exigea en outre de Mme de Peyronnenq une grosse somme d'argent pour payer les dépenses dans les auberges. Elle ne sauva son fils qu'en le déguisant en petit paysan.

La famille de Peyronnenq était possessionnée en Quercy et en Auvergne. Antoine, vicomte de Peyronnenq-Saint-Chamarand, seigneur de Ferrière, de

Murat, de Marmiesse et co-seigneur de la ville de Maurs, officier supérieur de cavalerie, inspecteur général des haras et président de l'élection d'Aurillac en 1787, a laissé, de Catherine-Françoise Fortet, une fille, Marie-Anne de Peyronnenq-Saint-Chamarand, alliée, le 15 novembre 1796, à Jean-Gabriel de la Garde, comte de Saignes, père, par elle, d'Antoine-Félix-Auguste de la Garde, comte de Saignes (1).

Trois de Peyronnenq, le père, la mère et le fils, sont portés en ces termes sur la liste des émigrés :

« Peyronnenq Antoine Saint-Chamarand, ci-devant vicomte, dernier domicile à Maurs, a obtenu mainlevée, par arrêté du 22 septembre 1792 et a justifié de sa résidence le 13 mai et le 24 novembre dernier, 1792.

Peyronnenq fils, ci-devant page.

Peyronnenq, épouse du sieur Debals de Trinqualéon ci-devant noble. »

Sur la liste des biens nationaux nous voyons que M. de Peyronnenq possédait à Maurs une maison et plusieurs corps de domaines; à Saint-Étienne de Maurs, deux domaines, à Quézac, deux domaines. Comme il présenta un certificat de résidence ses biens ne furent pas vendus.

Carrier le mit sur la liste des suspects en ces termes

(1) *Nobiliaire d'Auvergne.*

odieux : « L'ex-vicomte de Peyronnenq, sa femme et leur fils aîné : le père a été dans l'ancien régime un des ci-devant qui a le plus vexé et maltraité les paysans. Ce fut lui qui, à l'Assemblée des États-généraux, se donna le plus de mouvement, intrigant le plus pour engager la ci-devant noblesse du Cantal à ne renoncer à aucun de ses privilèges et qui en fit consigner l'arrêté dans le cahier des doléances ; aristocrate forcené, dur, insolant et hautain ; depuis cette époque ayant émigré en Espagne et rentré, depuis, affichant toujours la marque orgueilleuse de l'ancien régime et professant ouvertement l'aristocratie ; sa femme et son fils sont des aristocrates aussi ouverts, aussi prononcés que lui. »

M. de Peyronnenq émigra ; son fils suivit son exemple et périt à l'armée des princes d'une chute de cheval. Sa seconde fille mourut peu de temps après, de sorte qu'il ne resta à M. de Peyronnenq que sa fille aînée, Mme de la Garde de Saignes. Il mourut en 1814 et avec lui disparut son nom (1).

Après avoir dévasté le château de Murat, les gardes nationaux de Boisset saccagent le château de Conquans, dans la commune de Boisset, et se dirigent sur le château de Fargues, commune de Vitrac.

(1) *Dict. hist. du Cantal*, art. Parlan.

Pendant ce temps d'autres bandes incendiaires se portaient sur la commune de Marcolès.

« La commune de Marcolès, dit M. de Miramon, apprenant que des étrangers pillaient la Rodde et voulaient ensuite faire une incursion sur son territoire, députa, vers ceux-ci, les sieurs Miquel, maire, Falissard et Devez, officiers municipaux, et Courbaisse, conseiller général, pour les détourner de leur dessein. Les envoyés trouvèrent la maison de la Rodde entièrement saccagée et eurent grand peine à empêcher qu'on y mit le feu.

Ils obtinrent cependant cet adoucissement, à la condition expresse qu'ils feraient démolir, par leur garde nationale, tous les logis nobles que leur paroisse renfermait. Comme ces injonctions étaient accompagnées de menaces, la municipalité crut devoir envoyer des couvreurs pour découronner avec précaution les châteaux de Poux et de Faulat ; mais, vers le soir, un groupe nombreux d'Arpajonnais survint pour constater si on obéissait à leurs ordres. Comme de coutume, ils voulurent mettre eux-mêmes la main à l'œuvre, et les dégats furent considérables. »

Le château de Poux, situé à trois cents mètres environ du bourg de Marcolès, district d'Aurillac, appartenait, en 1789, à la famille d'Humière.

Le comte Guillaume d'Humière était âgé de quatre-vingts ans. Il avait de sa femme Marie-Louise de

Leygonie, deux fils : Pierre-François-Joseph, capitaine au régiment d'Orléans-Dragon, et Louis-Joseph grand vicaire de Mgr Alexandre-Angélique de Talleyrand-Périgord, évêque de Reims (1).

Le vieux comte, malgré mille tribulations, résida au château de Poux, jusqu'au 18 février 1792, époque où il se rendit à Aurillac ; c'est pendant son absence que son château de Poux fut pillé. Quelque temps avant le pillage, le comte, voyant venir les bandes dévastatrices, avait fait cacher une partie de son mobilier ; plusieurs paquets avaient été déposés chez la femme Bouygue, veuve Vinial, quelques autres dans la grange de Lantuéjoul, un des fermiers de M. d'Humière. Celui-ci comptait pouvoir sauver au moins les objets cachés, mais la rapacité révolutionnaire déjoua ses espérances.

En octobre 1793, la municipalité de Marcolès, ayant ordonné des perquisitions dans toutes les maisons du bourg, le mobilier fut découvert, saisi et enlevé, et les recéleurs furent mis en prison. Voici à ce sujet ce qu'on lit dans le cahier des délibérations municipales de Marcolès.

« Ce jourd'hui, 21 octobre 1793, l'an II de la République Française, le Conseil général permanent de la commune de Marcolès, tenant, Guillaume Delaqui,

(1) *France ecclésiastique.*

membre dudit conseil est entré et a dit qu'assisté d'un détachement de la garde nationale de cette commune, en réitérant et continuant ce matin les visites domiciliaires et perquisitions commencées le jour d'hier, il a trouvé plusieurs paquets, et, en même temps, ladite garde nationale a porté dans la maison commune les effets en suivant trouvés chez Anne Bouygues, veuve de Pierre Vinial, tisserand, du faubourg du foiral de cette ville, laquelle ici appelée a comparu et a dit que quelque temps après qu'on eut découvert la maison de Poux appartenant à Guillaume d'Humière, le nommé Laparra, jardinier de Poux, vint la prier une nuit de recevoir et de garder chez elle deux gros paquets, enveloppés dans des draps de lit, en deux reprises, qu'elle eut la faiblesse de fermer lesdits paquets dans un de ses coffres et qu'elle soupçonna appartenir au maître dudit Laparra. Et, en sa présence, ayant déplié lesdits paquets, nous y avons trouvé cinq carreaux couverts de damas fond vert ; plus un autre carreau couvert d'un chalet vert ; plus deux autres carreaux, d'une indienne fond jaune, le tout pour garniture de fauteuil ; plus une partie de garniture d'un lit à baldaquin d'un satin piqué, tout ce dessus plié dans un drap de lit de toile commune, dans lequel nous avons remis lesdits effets.

Plus dans un autre paquet enveloppé d'un drap de lit, quatre garnitures d'oreiller de toile blanche...;

plus deux autres garnitures de toile fine... plus une robe..., plus vingt-neuf chemises..., plus vingt-quatre paires de bas bleus, et enfin ledit drap de lit, qui contenait tous les susdits effets et dans lequel nous les avons tous remis pour être de même portés à Aurillac.

Plus s'est trouvé dans un des coffres de ladite Bouygues d'autres paquets lesquels elle nous a dit appartenir à Marguerite Lacoste, fille majeure de cette ville, et avoir été prié de les lui gârder chez elle, et qu'elle les lui avait fait porter de nuit dans le temps des alertes, crainte qu'on ne les prit chez elle. Lesquels effets consistent en quarante-sept serviettes fines ou grosses; plus en douze nappes de différentes grandeurs; plus... (suit une longue nomenclature de divers objets de lingerie). Et, sur-le-champ, a comparu ladite Lacoste, laquelle nous a dit qu'elle ne croyait pas que nous dussions faire l'inventaire des effets ci-dessus, à elle appartenant ou à sa tante, attendu qu'elle n'est ni tante, ni parente d'émigrés, ni de prêtres réfractaires, ni de nobles, que n'ayant rien fait et ne se sentant pas coupable contre la Constitution, les susdits effets devaient lui être remis, à quoi, nous avons répliqué que nous ne pouvions de nous-mêmes les lui remettre tout de suite, et, sans y être autorisés par nos supérieurs, attendu que lesdits effets s'étaient trouvés dans la même maison que ceux ci-devant décrits, appartenant à un ex-noble, qu'au surplus nous ne nous opposerons pas à ce qu'elle se les fasse délivrer par les autorités constituées et a déclaré ladite Lacoste, n'être nécessaire qu'elle signât de ce requise, et ladite Bouygues a déclaré ne savoir signer de ce requise, et de suite nous avons constitué ladite Bouygues, prisonnière dans ladite maison commune, pour être conduite à Aurillac.

Et tout de suite, sans nous divertir à autres actes, nous nous sommes transportés au faubourg haut de Marcolès, dans une petite grange appartenant à Antoine Lantuéjoul, et Joseph Figeac son gendre, métayers au domaine appelé de Rigou, audit faubourg, appartenant à feu Guillaume d'Humière, dans laquelle la garde nationale a fait la découverte des effets ci-après, et ledit Figeac et Antoinette Lantuéjoul, son épouse, ici présents et appelés, nous ont dit que les effets ci-après appartenaient audit feu d'Humière, que ce dernier à son arrivée à Poux, c'est-à-dire environ Notre Dame de mars dernière (1793) pria lesdits Lantuéjoul et Figeac, beau-père et gendre, ses métayers, de lui laisser placer dans la grange lesdits effets qu'il avait ci-devant fermés dans son grenier, audit domaine de Rigou, en lui disant qu'il n'avait rien à risquer, ledit d'Humière, protestant qu'il ne leur arriverait rien... lesquels effets consistent en quinze matelas de laine plus sept

coüettes de plumes ; plus six oreillers ou traversins
de plumes, plus une couverture de lit... plus un vieux
galon en or, plus une partie de rideau d'étamine
vert... (suit une nomenclature de deux grandes
feuilles, d'objets de lingerie, literie, habits d'hommes,
de femmes etc.), qui sont tous les effets que nous
avons trouvés dans la grange et remis en l'état ci-
dessus entre les mains dudit Figeac et sa femme qui
se sont chargés de veiller à leur conservation jusqu'à
leur départ pour Aurillac où ledit Figeac les voitu-
rera, à la première réquisition que nous lui ferons...
et a, ledit Figeac, déclaré ne savoir signer. Ladite Lantuéjoul a signé avec nous.

En foi de ce avons, les jours et an ci-dessus, dressé
le présent procès-verbal dont copie collationnée par
notre greffier sera envoyée avec tous les susdits effets
au département, accompagnés d'un détachement de
la garde nationale pour la conservation d'iceux.
Signés : Lantuéjoul, Decomte, Contournet, Gauzente,
Delaqui, Contournet, Pichot, Bouygues, Muratet,
Artigues, Debès, Vidalinc, Felgines, Puech, Bouquier,
maire. »

Dans la séance du 9 novembre 1793, le conseil de
la commune arrête « que les effets ci-dessus invento-
riés de feu Guillaume d'Humière seront voiturés à
Aurillac par quantité suffisante de bouviers escortés
par des gardes nationaux. » Ce n'est pas tout.

Le 8 décembre 1793, la municipalité de Marcolès « procéda, sur la *place de la Révolution*, au brûlement des titres de féodalité, tels que reconnaissances, terriers, ventes, quittances de droit de lods, obligations de cens et rentes ci-devant seigneuriales et autres titres ». Voilà un pillage complet.

Quand ces dernières opérations eurent lieu, Guillaume d'Humière ne vivait plus. En 1792, ce vénérable vieillard de quatre vingt ans, avait mené une vie de fugitif, se cachant en divers lieux ; comme le constate le cahier des délibérations de la municipalité de Marcolès.

« Séance du 18 novembre 1792... « A l'égard de Guillaume d'Humière père, nous déclarons qu'il n'a pas paru ici depuis le courant de février dernier (1792), qu'il a demeuré un certain temps à Aurillac, ensuite à Clermont-Ferrand et en dernier lieu qu'il était dans sa maison de Montfort, près Mauriac ; que nous n'avons pas vu demeurer en cette paroisse son fils aîné depuis le mois de septembre 1792, sans savoir positivement s'il est émigré ou non. »

Le comte d'Humière mourut en 1793. La comtesse était morte avant 1792.

Leur fils Pierre-François-Joseph émigra, du moins on le crut émigré et on le porta sur la liste des émigrés du Cantal ; ses propriétés furent déclarées propriétés de la nation. Le château de Poux et le domaine de Rigou à Marcolès, le domaine de Gaillard à Leynhac, celui de la Besserette à la Besserette, le château et le domaine de Montfort près Mauriac, sont signalés sur la liste des biens nationaux.

Pierre-François-Joseph était lieutenant-colonel, chevalier de Saint-Louis quand il mourut, laissant plusieurs enfants de sa femme Marie-Françoise de Saint-Martial de Conros.

Le second fils du vieux comte Guillaume d'Humière, Louis-Joseph, né à Aurillac en 1753, devenu prêtre après de fortes études à Saint-Sulpice et à la Sorbonne, était grand vicaire de Reims quand la Révolution arriva.

Il refusa le serment et émigra après s'être caché quelque temps à Montfort où il disait nuitamment la sainte messe. Après la Révolution il devint successivement grand vicaire de Rennes, de Limoges, de Valence, enfin, en 1831, archevêque d'Avignon où il mourut en 1834 (1).

(1) *Nobiliaire d'Auvergne.* Feller, supfl. Vol. 12.

CHAPITRE XI

Le château de Clavières, dans la commune d'Ayrens
(Cantal), est fort remarquable par son élégance et sa
position au milieu de vastes prairies qu'entourent de
grands arbres.

Il appartenait, en 1789, à Marc-Antoine-François
Capelle, baron de Clavières, seigneur de Saint-Cons-
tant, de Saint-Victor, de Badaillac, etc., conseiller du
roi en tous ses conseils, successeur de son père dans
la charge de conseiller au siège présidial d'Aurillac.

« Esprit supérieur et très éclairé, talent facile et
très actif, jurisconsulte éminent, assez retors, M. Capelle, jouissant de 300,000 livres de rente, avait
tout ce qu'il fallait pour jouer un grand rôle dans le

monde. Disons encore que les idées libérales de l'époque l'avaient séduit, comme tant d'autres membres de la noblesse de robe, et l'entraînaient dans un courant dont il n'apercevait pas l'issue fatale. Ses étroites relations avec des philosophes et parlementaires célèbres, tels que Condorcet, Siéyès, Brissot, les deux Lameth, etc., lui donnaient les plus hautes espérances et lui faisaient illusion sur les menaces de l'orage révolutionnaire, qu'il croyait aussi facile de dissiper et de contenir que de déchaîner.

Il prit même une attitude patriotique, parla quelquefois des droits du peuple et des abus à réformer, se persuada enfin qu'il était populaire et pouvait compter sur la sympathie des meneurs de la Révolution. On lui prouva bientôt le contraire » (1).

Il avait vendu à son cousin Capelle, de Puech-Jean, celui qui fut membre du Directoire du Cantal, une maison qu'il possédait à Aurillac, rue d'Aurinques et avait acheté un fort bel hôtel, rue du Prince, sur les fossés de la ville, aujourd'hui le Square. Cette somptueuse habitation fut un objet d'envie pour certains personnages d'Aurillac, en même temps que ses domaines excitaient la convoitise des puissants patriotes du pays, entr'autres d'Hébrard et de Carrier.

(1) *Vie de M. l'abbé Noyrit*, natif d'Ayrens, par M. Reyt, chanoine honoraire de Saint-Flour.

Celui-ci porta M. Capelle sur sa *liste des suspects* où il lui donne des qualificatifs odieux, tels que *brigand, scandaleux, conspirateur, grand fabricateur et propagateur de fausses nouvelles*, etc.

En 1791, ses propriétés de Badaillac, que lui avait apportées en dot sa femme, une demoiselle Benech, furent le théâtre de graves désordres.

En mars 1792, il faillit être massacré en même temps que M. de Niocel.

Un jour son fermier de Badaillac vint le trouver de la part du trop fameux Hébrard et lui dit que s'il consentait à faire abandon d'une créance de dix mille francs qu'il avait sur ledit Hébrard et s'il faisait à celui-ci, cadeau, sous forme de vente, de sa maison de la rue du Prince, la sécurité lui serait garantie, sinon, il avait tout à craindre.

Le vieux magistrat (il avait alors 66 ans) repoussa avec indignation ces tentatives de chantage, mais mal lui en prit, car le lendemain au milieu d'un repas qu'il avait offert aux membres du conseil municipal et à d'autres personnages influents d'Aurillac, un de ses serviteurs vint en toute hâte le prévenir qu'un attroupement d'hommes mal intentionnés cernait l'hôtel et proférait des menaces de mort.

Se souvenant du massacre récent de M. de Niocel, et ne doutant pas qu'un pareil sort l'attendait, M. Capelle quitte à la hâte ses convives étonnés, court à son secrétaire, en tire quelque argent, s'échappe en sautant par une fenêtre dérobée et court à Yolet, chez sa fille, madame de Sales du Doux. Le péril est trop imminent pour qu'il s'attarde à se munir de fonds; il ne s'arrête que pour prendre des habits de paysan, monte à cheval et gagne Clermont à franc-étrier.

A peine M. Capelle est-il sorti de son hôtel que les émeutiers entrent et malgré les efforts des convives qui cherchent à les calmer, ils se livrent à des scènes de désordre déplorables. Le pillage est complet; les provisions de toute nature sont emportées, les meubles fracassés, la vaisselle brisée, dérobée ou jetée par les fenêtres, y compris un fort beau service de porcelaine des Indes, qui avait été donné à M. Capelle, par l'abbé de Salomon, qui fut plus tard évêque de Saint-Flour.

Le serviteur dévoué, qui avait prévenu le conseiller du danger qui allait fondre sur lui, parvient, au milieu du désordre, à soustraire aux mains des pillards une somme de trente mille francs, et va la cacher dans le bois de Lafage, près d'Aurillac. Puis, avec mille précautions et nuitamment, il prend cet argent et se met en route, marchant la nuit, dormant le jour dans quelque endroit écarté. Il rejoint son maître à Clermont.

Dès lors muni d'argent et grâce à des papiers fort en règle, acquis à beaux deniers, M. Capelle se dirige, déguisé, vers la ville de Lyon où il passe les années

de la Terreur, sans être inquiété, affectant de s'occuper d'études de canalisation.

Madame Capelle de son côté, ne se croyant pas en
sûreté à Aurillac, centre et foyer de la fureur révolutionnaire, se rend à son château de Clavières-Ayrens
où elle sait se faire oublier et respecter à force de
largesse et de bonté. « Madame la baronne, dit le
chanoine Reyt, sut accomplir ce que n'aurait pas pu
faire M. Capelle avec toute sa science et son habileté.
Par sa conduite sage, ferme et charitable, elle mérita
le respect et la sympathie de tous et put conserver
intacte les propriétés de la famille. Elle était aux
yeux du public une veuve auguste et désolée (on
croyait à la mort de son mari), ne s'occupant jamais
de politique mais toujours de bonnes œuvres et se
soumettant aux lois et décrets du gouvernement.

Elle laissa apposer les scellés sur les papiers et les
meubles de M. Capelle. Ce fut le plus sûr moyen de
les conserver jusqu'à la fin des mauvais jours où il put
venir lui-même pour les faire lever et recouvrer ses
biens.

Madame Capelle de Clavières ouvrait sa porte à
une foule de malheureux parmi lesquels des yeux
clairvoyants auraient reconnu plusieurs prêtres proscrits. »

Parmi ces prêtres proscrits, se trouvait, outre
M. Noyrit, le beau-frère de madame Capelle, Antoine-

Jacques Capelle, curé-prieur de Crandelles, plus connu sous le nom de Capelle de la Calmette, depuis qu'il avait hérité du fief de ce nom.

Remplacé par un intrus, le prieur de Crandelles, se cacha dans les villages, souvent à Clavières. Dénoncé, traqué, il quitta le pays et alla, en compagnie de M. Noyrit, demander un asile aux solitudes du Quercy. Il fut porté sur la liste des émigrés du Cantal et en conséquence, son domaine de la Calmette fut déclaré bien national.

A Ayrens, comme partout, l'effervescence à son comble produisait des éclats de foudre terrifiants. Là aussi, Carrier, Hébrard avaient des compères dans les intéressantes personnes de plusieurs ouvriers maçons qui reconnaissaient pour chef de bande une tête folle, un vrai type de sans-culottes burlesque, originaire de la Corrèze, connu sous le sobriquet de Grand-Gosier, surnom qu'il méritait sans conteste.

Ce Carrier de bas étage, a la tête de ses confrères en démagogie, aussi Grands-Gosiers que lui, parcourait le pays et y portait l'épouvante et la dévastation.

Assurément ces pillards d'instinct aimaient à visiter les châteaux, à s'approprier n'importe quelle parcelle des biens des émigrés, à boire *le vin de la nation*. Ils en avaient le droit puisque, d'après le dogme révolutionnaire qu'on leur enseignait, ils étaient souverains, par conséquent maîtres de tout. Ils jouaient ce rôle avec une visible satisfaction.

A l'exemple du grand Milhaud, d'Arpajon, les Grands-Gosiers d'Ayrens se jettent sur les châteaux du pays, meute ardente à la piste des nobles et des prêtres. Par eux les châteaux de Boutonnet et d'Angouste sont saccagés et leurs caves vidées. Les propriétaires s'estimaient heureux quand on leur laissait la liberté et la vie.

S'ils se plaignaient, on les appelait aristocrates et ils étaient arrêtés.

Tel fut le cas de M. de Montal, un des descendants des de Montal de Laroquebrou, qui était venu se fixer sur la paroisse d'Ayrens; il eut l'audace de se plaindre, aussi fut-il arrêté et conduit dans les prisons d'Aurillac, où il demeura cinq mois, il ne put obtenir sa liberté qu'en versant six mille francs dans les mains crochues de ces hauts personnages d'Aurillac qui vivaient de rapines.

Le château de Clavières ne fut pas à l'abri du fléau. Le châtelain était en fuite, son fils en émigration, son frère, le prieur de Crandelles, cherchait dans les cachettes un abri contre la persécution: il y avait là plus de motifs qu'il n'en fallait pour exciter la convoitise des bandes avinées qui parcouraient le pays.

En effet, en dépit du respect dont ils entouraient la vieille châtelaine, les Grands-Gosiers complotèrent

9

d'aller au moins faire ripaille au château, sous couleur
de visite domiciliaire, comme délégués de l'administration du District.

Ils arrivent et montrent de la modération, se
contentant de pêcher l'étang, sous les yeux même
de madame Capelle qui crut bon de ne pas les trou-
bler et de mettre à leur disposition le vin de sa cave.
Ils se rassasient de poisson, et comme la pêche avait
été vraiment miraculeuse c'est-à-dire extraordinai-
rement abondante, il leur en resta assez pour rassasier
tous les habitants d'Ayrens qu'ils voulurent faire
participer à leur festin, ce qui laissa dans l'esprit des
enfants de l'époque un souvenir légendaire de cette
pêche merveilleuse. Ajoutons à l'honneur de Grand-
Gosier, chef, qu'il offrit galamment à la châtelaine la
plus belle pièce du poisson, sans trop insister pourtant pour la lui présenter lui-même, « de peur de la
déranger. »

En février 1794, nouvelle visite des Grands-
Gosiers au château de Clavières, sous prétexte de
s'assurer qu'aucun prêtre réfractaire n'y avait cher-
ché asile. Madame était gravement malade. Les
domestiques de la maison se débarrassèrent des délégués en roulant une pièce de vin sur la terrasse.
ceux-ci burent et se retirèrent, se déclarant satisfaits
de leur inspection.

Mais comme il fallait terminer la fête, qu'un reste

de respect pour la malade avait empêché de rendre complète au château, les Grands-Gosiers se transportèrent chez l'abbé Rochet, au village d'Angouste, voisin d'Ayrens. « Ce prêtre, dit M. Reyt, avait été vicaire d'Ayrens pendant plus de vingt ans. Sa santé un peu délicate lui conseilla de quitter de bonne heure les labeurs du ministère paroissial ; c'est pourquoi il prit sa retraite en 1787. Avec son patrimoine et le fruit de sages économies, il acheta un petit enclos très bien situé au milieu du coteau d'Angouste. Il mit tous ses soins à embellir cet asile de ses vieux jours, où il espérait bien pouvoir jouir d'un repos honorable, sans trop s'inquiéter des disputes des savants ou des brouillons politiques, hélas ! il comptait sans la Révolution. Bientôt elle vint l'assaillir, malgré ses précautions et sans tenir nul compte de ses sacrifices. Elle l'atterra.

C'est pourquoi un jour de carnaval de l'an 1794, Grand-Gosier et ses amis, désirant faire largement ripaille, convoquent et réunissent tous les désœuvrés d'Ayrens, en leur disant qu'ils veulent aller fêter le bon abbé Rochet. Ils prennent en passant le grand chaudron à lessive d'un voisin, l'installent devant la maison de l'abbé pour y faire une soupe homérique. Ce prêtre infortuné venait d'égorger son porc. Il n'en resta pas la moindre parcelle. On dévora jusqu'au dernier boudin. Le vin et les autres provisions du ménage ne furent pas oubliés; toute la populace fit ainsi une orgie qu'elle couronna en infligeant, au chant du *Ça ira*, les plus ignominieux traitements à la vénérable domestique de l'abbé Rochet.

Celui-ci s'était enfui et caché. Il eût l'imprudence de se plaindre et de demander justice. Peu de jours après, la justice de ce temps le conduisait en prison, au château de Saint-Etienne à Aurillac, où il eût à souffrir de si grandes amertumes que, dit-on, ses cheveux blanchirent dans quarante-huit heures. Ses parents ayant compris qu'on pouvait le délivrer à prix d'argent, mirent tout en œuvre pour cela et vendirent ses propriétés. Il leur en coûta six mille francs. Hébrard avoué cinq mille dans sa justification.

L'abbé Rochet sortit de prison vers la mi-juin, sur un ordre du représentant Bô, adressé à la municipalité d'Aurillac et daté de Montauban. Mais, pour arriver tout à la fois à la pauvreté complète et au martyre, ce prêtre avait tellement souffert qu'il ne lui restait qu'un souffle de vie et qu'après sa délivrance il n'eut que le temps de rédiger un testament où il ne parle guère que de dettes à payer.

M. Noyrit dut préparer à la mort ce bon abbé Rochet, qui avait été son premier maitre de latin; ce fut avec le zèle le plus tendre qu'il lui prodigua les consolations et les espérances que la religion réserve aux confesseurs de la foi. Il reçut enfin son dernier soupir le 25 juin ; mais telle était la fureur de la persécution qu'il ne put accorder à sa dépouille mortelle aucun des honneurs funèbres ecclésiastiques, ni même l'accompagner au cimetière (1).

Mme Capelle de Clavières mourut en 1795, entre les bras de ses deux enfants, Mme de Sales du Doux et le jeune capitaine qui était accouru de Melun.

L'abbé Capelle de la Calmette, prieur de Crandelles, après avoir erré longtemps, rentra dans sa paroisse et y mourut en 1801 ou 1802, à l'âge de 72 ans.

Le père, M. Capelle, qui de Lyon s'était aventuré à Paris, rentra à Ayrens peu de temps après la mort de sa femme. Il fit constater sa résidence en France et eut ainsi le bonheur de faire lever les scellés et de rentrer en possession de ses biens. En 1800, il devint maire d'Ayrens. Il mourut à Aurillac en 1808, muni des sacrements de l'Eglise, à l'âge de 82 ans. Son fils était mort en 1806 d'une chute de cheval, laissant une veuve sans enfants. L'universalité des biens de l'ancien conseiller fut donc recueillie par sa fille, Mme de Sales du Doux.

Le château du Doux, situé dans la commune d'Yolet, près d'Aurillac, était habité depuis longtemps par la famille de Sales. En 1789, le chef de cette famille

(1) *Vie de M. Noyril*, page 97.

était Etienne-François, marquis de Salés, seigneur du Doux, de Vezac, de l'Oradon, de Folholes, etc., garde du corps du roi, capitaine de cavalerie. Il vivait au Doux entouré de sa femme, Jeanne Capelle de Clavières dont nous venons de parler, de ses enfants François et Jeanne-Emilie, de sa mère née de Sarret de Fabrègues et de son frère, le chevalier de Doux.

Très populaire dans la vallée de la Cère, M. de Sales ne voulut pas émigrer, alors même que son beau-père, M. le conseiller Capelle de Clavières était réduit à la fuite. Les orages révolutionnaires grondèrent autour du Doux sans atteindre ses châtelains.

Une fois pourtant la troupe avinée, qui descendait de Pesteils, commune de Polminhac, après le pillage de ce château, émit l'idée d'abaisser au niveau des bâtiments, la haute tour du Doux dont l'élégante toiture en poivrière offusquait l'égalité républicaine. Les habitants d'Yolet, quelque fanatisés qu'ils fussent par leur compatriote Carrier, s'y opposèrent avec la dernière énergie.

Un autre jour Mᵐᵉ de Sales, traversant à pied les prairies du Doux pour se rendre à la messe que le légitime pasteur célébrait encore dans l'église d'Yolet, Carrier, le futur proconsul de Nantes, déjà puissant à Aurillac, vint lui offrir galamment le bras.

« Je n'eusse pas osé le faire, il y a cinq ans, lui dit-il, mais aujourd'hui nous sommes tous égaux. »

« Nous l'avons toujours été devant Dieu ! » lui répondit la prudente fille de M. Capelle de Clavières.

Et en montant la pente gazonnée qui s'étend de la rivière à l'église, elle lui parla d'un saint prêtre, messire Pierre Carrier, son grand oncle, vicaire d'Yolet, chapelain du Doux, qui avait appris le rudiment à Etienne de Sales.

Jean-Baptiste Carrier, le conventionnel féroce, était le fils d'honnêtes cultivateurs du village de Sémilhac, paroisse d'Yolet, près du château du Doux; et comme le marquis de Sales était seigneur de ce village, les Carrier étaient ses tenanciers.

Le vicaire d'Yolet, dont parlait la marquise au fameux Carrier, apprit à celui-ci les premiers éléments de la langue latine, dans l'intention d'en faire un prêtre; mais bientôt il s'aperçut que son cher neveu n'avait pas la vocation ecclésiastique. Il ne se trompait pas.

L'angoisse la plus terrible des châtelains du Doux leur fut causée par leurs enfants. Affectant une tranquillité d'esprit qu'ils n'avaient pas, M. et Mme de Sales continuaient de faire de temps à autre une apparition dans leur maison d'Aurillac, aujourd'hui le presbytère de Saint-Gérand. Un jour qu'ils s'y trouvaient, la pauvre mère s'aperçut que ses enfants avaient disparu. On fouille vainement la maison et les jardins; on parcourt la ville... les deux bambins étaient gravement occupés à admirer la guillotine d'où dégoûtait encore le sang de Mme de Laronade.

Quand vinrent enfin les temps plus paisibles, M. de Sales prit la direction de la municipalité d'Yolet, et, comme son beau-père à Ayrens, mit tous ses soins à effacer les stigmates qu'avait laissés, jusque dans les plus humbles bourgades, la sanglante tourmente (1).

(1) *Nobiliaire d'Auvergne.* — Archives de Clavières-Ayrens. — Récit de Mme de Pollalion de Glavenas, héritière du Doux, morte en 1872. — Notes du comte de la Salle de Rochemaure, aujourd'hui possesseur de Clavières et du Doux. — Réponse d'Hébrard.

CHAPITRE XII

DÉVASTATION DU CHATEAU DE PARLAN. — INCENDIE
DU CHATEAU DE NAUCASE. — PILLAGE ET CONCUS-
SION DANS LES COMMUNES DE LA CAPELLE-VIESCAMP,
DE SAINT-ETIENNE-CANTALÈS, DE SAINT-CLÉMENT,
DE VIC.

Les illuminations arpajonnaises avaient produit
l'effet d'une traînée de poudre dans les cantons de
Saint-Mamet, de Maurs, de Laroquebron, etc.

L'amour du pillage était devenu contagieux; de
tous côtés des révolutionnaires audacieux, à l'exemple
de Milhaud, se mettaient à la tête de tous les ma-
landrins du pays, parmi lesquels on voyait des gardes
nationaux, même des maires, et tous, pris de la fièvre
de la destruction, parcouraient les communes, ran-
çonnaient les paysans et mettaient toute la noblesse
en fuite.

Le château de Parlan, canton de Saint-Mamet,
propriété du comte de la Garde de Saignes, eut son
tour de terreur et de dévastation. Les pillards arrivent.

« La municipalité de Parlan, entendant sonner le tocsin et voyant le peuple accourir vers le château de M. le comte de Saignes, qui domine le bourg, s'y transporte en corps, après avoir eu soin de faire convoquer la garde nationale.

Sur la terrasse elle trouve une poignée d'étrangers qui veulent persuader à la population de démolir le château. Heureusement les villageois de Parlan sont d'un caractère paisible, et le maire, par ses exhortations, n'a pas grand peine à rétablir le calme. Par surcroît de précaution, la garde nationale est chargée de veiller autour des bâtiments menacés, et le groupe des agitateurs n'a plus qu'à s'en retourner, l'oreille basse. Mais ceux-ci n'étaient que les précurseurs d'une bande de pillards qui fit son apparition trois heures après, composée d'hommes de la paroisse de Boisset et d'un grand nombre de gens du district de Figeac (Lot) et de toutes les mauvaises têtes du pays.

Les gardes nationaux de Parlan, attaqués à coups de pierres, sont, après une longue résistance, contraints de battre en retraite. Les assaillants envahissent le château et font d'abord main-basse sur les archives, déposées dans la grande tour, auxquelles ils mettent le feu. Trois citoyens courageux, Pierre Mestries, Hilaire Martal, J.-B. Devillars, qui cherchent à opérer le sauvetage des documents les plus précieux, sont arrêtés sur la place, houspillés par la foule et l'un d'eux, Pierre Mestries, est bien près de périr sous les coups de bâton. Le pillage dura un jour et une nuit. Aussi lorsque, après le départ de la bande, la municipalité se transporta au château, pour faire les constatations d'usage, elle ne trouva plus ni portes ni fenêtres et jugea inutile d'y laisser une garde « attendu qu'il n'y avait plus rien à prendre » (1). La flèche de la grande tour, une des plus élevées de la province, fut brûlée, entièrement détruite.

Pendant qu'on saccageait le château de Parlan, on brûlait le château de Naucase, sur la commune de Saint-Julien de Toursac, canton de Maurs. Laissons encore ici M. de Miramon nous raconter cet exploit :

« Pendant que ces scènes se passaient à Parlan, la municipalité et la garde nationale de Saint-Julien-de Toursac, averties de l'approche des gens de Boisset, s'étaient transportées au château de Naucase pour essayer de le protéger. Dans la journée on en fut quitte pour des vitres brisées et l'encan d'une partie du mobilier auquel il fallut consentir ; car on n'eut affaire qu'à des détachements peu considérables, le gros de la troupe étant occupé soit à Parlan, soit au village de Lescure, près de Ventalon où demeurait un ci-devant gentilhomme.

Mais voici qu'au milieu de l'obscurité de la nuit

(1) *La Jacquerie en 1792*, p. 42.

une bande d'hommes, la plupart masqués, se précipitent sur la garde endormie et sans défense, en font la moitié prisonnière et mettent le reste en fuite. En rapportant de telles scènes, on croit écrire une page d'un roman du moyen âge et l'on a besoin de relire les procès-verbaux des municipalités pour s'assurer qu'on ne se laisse pas emporter, malgré soi, par son imagination vagabonde; cette escalade mystérieuse, au milieu des ténèbres et de la solitude de la campagne; les fenêtres du manoir s'illuminant soudain à la lueur vacillante des brandons de paille enflammés; ces silhouettes d'hommes qui passent et repassent dans l'ardeur du pillage, et, tout à coup, ce cri sinistre : *Au feu!* retentissant parmi les spectateurs, tandis que la masse imposante de la vieille forteresse émerge tout entière de sa demi-obscurité, à la clarté des toits qui s'embrasent, tel est le tableau que les pièces authentiques nous laissent entrevoir, malgré leur sécheresse officielle et qui semble appartenir plutôt aux époques lointaines des guerres de religion. Aujourd'hui les ruines de Naucaze se dressent encore pour raconter aux générations futures l'incendie que les brigrands allumèrent dans ses murs la nuit du 24 mars 1792. »

La paroisse de la Capelle-Viescamp, canton de Laroquebrou, fut le théâtre de concussions terribles, organisées par le procureur même de la commune.

A la tête d'une bande de patriotes échauffés, il parcourt les hameaux, les villages, et lève, sur les habitants épouvantés, des contributions soi-disant patriotiques, cinq francs par personne, parfois dix, vingt, quarante francs.

Non loin du bourg s'élève le château de Viescamp qui, fièrement, domine les rochers et les tortueux défilés de la rivière d'Auze, et qui est la propriété de Jean-Charles de Lasserre, officier de cavalerie.

Ce château ne fut ni pillé, ni incendié, mais frappé d'une taxe. La bande, dont le procureur de la commune est le chef, envahit, dit M. de Miramon, les maisons de quelques filles dévotes, de villageois inoffensifs et même de pauvres journaliers auxquels on extorque des sommes importantes. Le maire ni l'adjoint ne sont exemptés de la contribution. Tel qui a dans sa maison sa vieille mère âgée de quatre vingt deux ans, vient offrir dix francs aux émeutiers pour qu'ils n'entrent pas chez lui ; tel autre ne réussit qu'à prix d'argent à éviter à sa femme, au moment d'accoucher, les émotions d'une invasion de son domicile. En route on arrête un cavalier que l'on force à payer une rançon et à renoncer en outre à un procès qu'il a contre un des hommes de la bande.

« A peu de distance de là, au village de Labro, commune de Saint-Etienne-Cantalès, le sieur Lorus, officier municipal d'Aurillac, est assailli par les réclamations des habitants. Il s'agit d'un commun que le tribunal lui a adjugé mais dont les villageois exigent la restitution. Cette fois, c'est le maire lui-même, armé d'un fusil à deux coups, qui conduit la bande. Sous prétexte d'aller conférer avec son notaire, Lorus, réussit à gagner Aurillac et de là il envoie au maire l'acte de renonciation. Mais cette soumission ne suffit pas aux émeutiers, qui, le lendemain, reviennent à la rescousse, pénètrent jusque dans la chambre de Mme Lorus, lui appuient sur la poitrine le bout de leurs fusils et de leurs fourches et la menacent de lui couper la tête. Tandis que la pauvre femme s'évanouit de frayeur, l'habitation est livrée au pillage. Enfin la nuit venue, Mme Lorus parvient à déjouer la surveillance qui l'entoure et rejoint son mari à Aurillac, laissant ses biens et ses papiers entre les mains des brigands. »

Même désordre dans le canton de Vic : M. de Ronnesque vit brûler ses greniers : M. des Huttes de Polminhac fut obligé de prendre la fuite pour échapper aux patriotes ; M. de Mentlogis, de Lascourtines, surpris seul chez lui, fut attaché sur un banc par un bandit qui, après avoir fermé les portes, allait l'égorger, lorsque son fermier, entendant du bruit, pénétra par une fenêtre et mit l'assassin en fuite.

A Vic, M. de Murat-Sistrière faillit être massacré par des brigands venus de Saint-Clément ; il n'eut que le temps de se sauver en robe de chambre, en bonnet et sans culotte et, toujours courant, dit M. de Miramon, il parvint, dans cet équipage, jusqu'à Saint-Flour.

La municipalité de Vic opposa pourtant quelque résistance à ces pillards ; ayant reçu une lettre de M. de Lacarrière qui mettait sous sa protection son château de Comblat, touchée de cette confiance, elle envoya une garde au château, ce qui le préserva de la destruction, car peu d'heures après les pillards arrivèrent. Voyant la place militairement occupée, ils passèrent outre, se dirigèrent vers Vic où ils pillèrent l'église et firent brûler les archives de la mairie.

« Dans l'arrondissement tout entier, ajoute le vicomte de Miramon, le désarroi et la terreur étaient à leur comble. Pendant la nuit les routes étaient encombrées d'émigrants qui fuyaient à l'approche des paroisses soulevées. Les familles riches et jusqu'aux particuliers les plus pacifiques désertaient la ville et la campagne pour se réfugier dans les départements voisins. Les hôtels et les maisons de Clermont étaient bondés de monde et l'on ne trouvait plus de place pour loger les Aurillacois qui arrivaient sans cesse. »

PIÈCES JUSTIFICATIVES

№ I

ORDRE DE SURVEILLER LES NOBLES.

Lettre du district de Mauriac :

Mauriac, le 19 décembre 1790.

« Messieurs,

« Convaincus que le plus important de nos devoirs, comme le plus cher à nos cœurs, est de maintenir la Constitution qui fait le bonheur des Français, nous nous hâtons de vous instruire du départ précipité de plusieurs ci-devant nobles ; quoique nous n'ayons aucun détail précis sur les motifs qui l'ont déterminé, la clameur publique les ayant dénoncés, la plus légère indifférence serait répréhensible dès que la patrie serait menacée.

« Nous vous prions, en conséquence, de surveiller les ci-devant nobles et autres personnes suspectes qui résident dans votre municipalité ; que cette surveillance, Messieurs, soit protectrice comme la loi qui vous l'a donnée. Vous devez donc prévenir et réprimer avec le même zèle qui doit fixer votre attention sur leurs démarches, les excès auxquels on pourrait se livrer contre eux.

« Nous sommes intimement persuadés que les précautions les plus sages et les plus convenables pour remplir ces deux objets seront assurées par votre patriotisme, par la vigilance des gardes nationales et votre attention à refuser des passeports aux personnes qui vous paraîtraient suspectes, dans le cas où vous ne jugeriez pas à propos de nous les adresser.

« Nous vous prions de prendre les renseignements les plus exacts sur l'absence des personnes de votre municipalité que vous devez soupçonner ; soyez assurés que notre patriotisme veillera toujours pour vous avertir de tout ce qui nous parviendra. Que cette occasion augmente, s'il est possible, notre union fraternelle.

« Les administrateurs composant le directoire du district de Mauriac :

« FORESTIER. FUMEL. SALVAGE. SAUVAT.
GROS. P. S. » (1).

(1) Archives d'Aurillac.

Autre lettre du Directoire de Mauriac :

Mauriac, le 19 janvier 1791.

« Messieurs,

« Il ne suffit pas de faire avorter les projets des ennemis de la Constitution, il faut encore en connaître toutes les circonstances. Nous vous prions, en conséquence, de nous adresser incessamment un état de tous les ci-devant nobles de votre municipalité qui sont partis pour se rendre à Lyon, d'y ajouter leurs noms et surnoms, de nous indiquer le jour de leur départ, les circonstances qui l'ont précédé et suivi, et nous instruire en général de tous les faits et propos qui peuvent être relatifs au projet de contre-révolution.

« Tout est précieux dans une affaire de ce genre ; les moindres indices peuvent conduire à des découvertes essentielles ; votre patriotisme et votre attachement pour la Constitution, sont pour nous les garants assurés du zèle que vous mettrez à nous procurer les renseignements que nous vous demandons.

« Les administrateurs composant le Directoire du District de Mauriac :

« SAUVAT. FUMEL. SALVAGE. FORESTIER. GROS. »

N 2

DOCUMENTS SUR LE MEURTRE DE M. DE NIOCEL

I

François Colinet de Niocel, fils de M. de Niocel assassiné, se rendit à Paris pour dénoncer Milhaud, un des assassins de son père, à la Convention nationale. Dans sa dénonciation (qui n'eut aucun effet) il accusa Hébrard d'avoir été un des instigateurs du crime.

Dans sa fureur, Hébrard, qui était alors (1795) en prison à Riom fit imprimer la lettre suivante :

« Pierre Hébrard, ex-constituant, ex-président du tribunal criminel du Cantal, détenu à la maison d'arrêt de Riom depuis six mois, mais inaccusé et inaccusable.

« A François Colinet, dit Niocel,

« Dans la réponse au représentant Milhaud, tu dis, page 2, qu'Hébrard, couvert de crimes, a rendu hommage à la vertu de ton père. Dis plutôt que j'ai déploré sa fin parce qu'elle fut une violation des lois saintes de l'humanité et de l'ordre social, parce qu'alors un grand crime fut commis.

« Quant à sa vertu, cesse de prostituer ce mot; si ce n'est pas une lâcheté de parler de ceux qui ne sont plus, je dirai, avec tout le Cantal, que cet homme fut un scélérat gorgé d'or et de sang, dont on ne prononce le nom qu'avec horreur. On l'a vu donner lui-même le plan du bûcher auquel le nommé Malepeyre avait été condamné; on l'a vu se réserver pour épingles dans la vente de sa charge, le droit de présider à l'exécution d'un homme condamné à la roue; on l'a vu demander à la Cour une récompense pour avoir fait exécuter deux ou trois cents personnes; il lui fut répondu qu'il n'y avait pour ces hauts faits là que la *Croix de l'ordre de Saint-André.*

« Rappelle-toi que dans la trop scandaleuse affaire du Falgoux, associé avec un de ses huissiers en concussion, brigandages, faux, etc., ils ne manquèrent l'un et l'autre les galères que de quelques voix.

« La porte et les fenêtres de sa maison étaient fermées, et c'était vraiment un jour de deuil pour lui, celui où sa compagnie (le tribunal) avait acquitté quelque accusé. Cet homme a été immolé sur la place même où il fit périr tant de gens.

« Est-ce bien sa mémoire que tu as à venger ? Non. Un autre intérêt te presse : sa succession avait été séquestrée parce que l'émigration de tes deux frères en avait acquis la plus grande partie à la nation. Pour en avoir la mainlevée, tu as osé imprimer que ces deux coquins là n'avaient émigré qu'à la suite de la mort de leur père et dans la crainte du même sort. Mais démentiras-tu son interrogatoire ? Il y est dit qu'ils étaient partis sans son consentement, dès le mois de décembre précédent. Démentiras-tu le fait que tout Aurillac atteste, qu'il leur donna de l'or pour leur voyage, qu'il sollicita pour eux des lettres de créance d'une autre maison de notre District, qui avait fourni quatre fils et un gendre à l'armée des princes ?

« Démentiras tu cet autre fait, non moins devenu public, que depuis leur émigration, il leur avait envoyé, par l'entremise d'un habitant de Saint-Martin, près de 140.000 livres ?

« Impudent drôle, tu oses dire que le coup de feu et les pierres qui partirent de tes fenêtres sur des volontaires qui, dès l'aurore de la Révolution, allaient verser leur sang pour la patrie, ne devaient être attribués qu'à un espion de Milhaud, à un malveillant, furtivement introduit dans ta maison ! Mais encore démentiras-tu l'interrogatoire de ton père devant l'officier civil de la commune ? Démens encore, si telle est ton audace, le fait de notoriété que le nommé Najac, commensal de ta maison et son barbier, y fut aposté cette nuit, que ton père lui fournit des armes et de la munition.

« Tu me dis couvert de crimes! je ne m'en connais qu'un et j'en demande pardon à la nation, c'est de t'avoir, très récemment encore, soustrait au glaive de la loi!

« Scélérat! tu m'avais intéressé; ta jeunesse, une mère infirme m'avaient inspiré de la pitié. Je sollicitai et j'obtins pour toi un élargissement provisoire et cependant j'ai su et en ce moment j'ai la preuve sous les yeux que tu as thésaurisé pour les émigrés, que tu as avec eux des correspondances et des projets contre-révolutionnaires.

« A mon tour je te dénonce, coquin, à la Convention nationale, à toutes les autorités, à la nation entière, je provoque contre toi la justice jusqu'ici trop lente contre les traîtres à la patrie. Je vais en faire autant de tous les scélérats qui t'ont envoyé à Paris et qui, à force d'intrigues et de calomnies, me tiennent enchaîné dans un moment où les bras des vrais républicains seraient si utiles à la patrie !

« HÉBRARD. »

François Colinet de Niocel fit imprimer la réponse suivante que nous reproduisons en entier, comme la pièce précédente :

Réponse de François Colinet :

« A Pierre Hébrard,

« J'ai dit que tu étais couvert de crimes, et tu réponds que tu *es inaccusé et inaccusable.* Toi, Hébrard, inaccusé ! tu as donc oublié qu'il existe trois mandats d'arrêt contre toi, motivés pour vols, concussions et brigandages ; le premier de la part de Musset, représentant en mission dans le Cantal, le second, de la part du Comité de sûreté générale, et le troisième, de la part de l'accusateur public du tribunal criminel du Cantal. *Inaccusé !* Mais tous les honnêtes gens t'ont prouvé tous tes forfaits. *Inaccusé !* Retourne-toi, et vois au-dessus de ta tête l'écriteau sur lequel déjà l'opinion publique et bientôt la justice tracent la longue nomenclature de tes crimes.

« J'ai imprimé que toi-même avais rendu justice à la vertu de mon père. Ce n'est pas assurément le témoignage d'un vil scélérat tel que toi que je descends à invoquer : j'ai voulu dire simplement que le crime est forcé quelquefois de rendre hommage à la vertu. Eh bien ! relis ton mémoire ; tu dis : *Ici des scélérats vont éteindre dans le sang d'un vieux magistrat (Colinet Niocel) les longs ressentiments d'une condamnation que le crime nécessita.* Tu as donc avoué l'innocence de mon père : tu as avoué que son assassinat fut l'effet de la vengeance pour une condamnation juste. En citant ton aveu, j'ai donc dit une vérité.

« Mais un hommage rendu à un lieutenant criminel devait surprendre dans la bouche d'un Hébrard. Mon père aussi t'avait décrété, car tu es un homme qui depuis longtemps a des démêlés avec la justice criminelle. Tu fis dans cette affaire, un *Mémoire* imprimé, dans lequel ton impuissante rage s'exhala vainement contre mon père ; le Parlement te condamna.

« Du fond de ton cachot, tu oses calommier la mémoire de mon père ; tu cites des faits, ils sont tous faux ; tu dis que Colinet Niocel s'était réservé pour épingles, dans la vente de sa charge, de présider à l'exécution d'un homme condamné à la roue ; impudent menteur ! J'en appelle, sur ce fait, au témoignage de Labarthe, ton beau-frère, successeur de mon père. Avant la réception de Labarthe, mon père avait fait l'instruction de la procédure contre un assassin, qui fut condamné à la mort par le siège d'Aurillac et le Parlement : l'exécution devait être faite à Mauriac ; Labarthe pria mon père de s'y rendre avec lui pour recevoir le testament de mort, et obtenir l'aveu du condamné. Labarthe, jeune alors, n'avait pas encore d'expérience, mon père, dans cette occasion, ne lui refusa pas la sienne. Je m'en rapporte là-dessus à Labarthe lui-même.

« Tu dis encore que mon père demanda à la *Cour*

une récompense pour avoir condamné deux ou trois
cents personnes. Un mensonge ne te coûte pas plus
qu'un crime ; apprends que mon père n'a jamais demandé et obtenu que ce que l'on accordait à trente
ans de magistrature, la *vétérance*.

« Tu prétends que dans une affaire mon père et un
huissier n'échappèrent à une condamnation flétrissante
que de quelques voix. Ni comme magistrat, ni comme
particulier, mon père n'a été impliqué dans aucune
affaire ; sa vie entière, sa probité, ses mœurs et sa
conduite, sont un contraste avec ton exécrable
existence.

« Comme chaque action de ta vie est un crime,
chaque parole de ta bouche est un mensonge ; en voici
un nouveau : selon toi, l'objet de mon voyage à
Paris, était moins pour venger la mort de mon père
que pour avoir la mainlevée de ses biens. Sur quel
fondement établis-tu cette imposture ? oui, j'ai été à
Paris, la piété filiale m'y a seule conduit, et certes mes
démarches n'ont pas été ténébreuses ; j'ai dénoncé à
la Convention le représentant Milhaud, comme l'*un*
des auteurs de l'assassinat de mon père ; c'était l'unique
objet de mon voyage. Tu mens encore en disant que
le Comité de législation est passé à l'ordre du jour sur
ma dénonciation ; le Comité m'a renvoyé à me pourvoir devant le tribunal criminel d'Aurillac. Hébrard !...
ta joie sur ce prétendu ordre du jour ne sera pas de

longue durée... Mais n'anticipons pas sur les révélations que la justice obtiendra.

« J'ai dit, et je répète, que le coup de feu qui partit des fenêtres de notre maison, devait être attribué à un espion des scélérats qui méditaient d'assassiner mon père, les informations le prouveront.

« Poursuivons : tu dis que mon père donna de l'argent à mes frères pour émigrer : cite un seul témoin ; je ne veux pas combattre des chimères ; nous ne sommes pas égaux, car tu n'a ni honneur, ni probité, ni réputation à perdre ; tu argumentes de l'interrogatoire de mon père ; scélérat ! rappelle-toi par qui, comment, et dans quelles circonstances il fut fait...... Mais, ce que je sais, c'est que mes frères étaient en France à l'époque où il fut assassiné, et qu'ils n'en sortirent qu'après ce fatal événement.

« On a vu des coquins condamnés au carcan, insulter les passants ; voilà le rôle impudent que tu prends avec moi. Tu dis, car que ne dis-tu pas, que tu as sous tes yeux la preuve que j'ai thésaurisé pour les émigrés, et que j'ai des correspondances avec eux ; quand ton audace criminelle a tracé ces lignes, tu étais dans le délire ou plutôt tu croyais être dans ton *Comité* ou dans ta *Commission*, faisant des listes de proscription. J'ai eu des correspondances ! montre-les, montre-les, car aujourd'hui les Dumas, les Fouquier-Thinville, les Hébrard ne jugent plus les Français : il faut des preuves et non des notes données au hasard par des buveurs de sang.

« J'ai thésaurisé pour les émigrés! Oh le plus vil et le plus maladroit des calomniateurs! quelle est ma fortune? quelles sont mes ressources? Pendant ma ré-clusion je n'avais que quarante sous par jour; tu penses donc, brigand du Cantal, que, comme toi, je détroussais les malheureux; que, comme toi, j'étais membre du *Comité* et de la *Commission*. J'ai mangé le pain du malheur, et toi, tu vivais dans le faste et l'opulence, fruit de tes rapines. Tu buvais dans des coupes d'argent, avec l'opprobre, le sang et les pleurs des citoyens. Mais l'épée de Damoclès était suspendue sur ta tête.

« D'où te vient donc tant d'audace? Tu t'imaginais que le règne de la Terreur reviendrait; que la Com-mission des onze t'aurait compris dans une liste de patriotes. Tu étais dans l'erreur, sa suppression ne te laisse que le désespoir affreux d'être jugé comme un vil scélérat chargé de crimes.

« Tu dis encore que je te dois mon élargissement provisoire. Oh le fait est d'autant plus assuré que tu étais à Paris quand il me fut accordé pour six mille livres. N'étais-je pas une des victimes que tu envoyais au tribunal révolutionnaire? Le sang de mon père ne suffisait pas, il te fallait le mien pour appaiser ta soif. Lorsque ma mère et moi eûmes obtenus notre liberté définitive du Comité de sûreté générale, ne fus-tu pas, à différentes reprises, provoquer au club notre réincarcération ? Vas, monstre, une bonne action et un sentiment de justice n'entrèrent jamais dans ton cœur pervers ; je ne suis pas plus ingrat à ton égard qu'envers le représentant Milhaud, ton ami. Ma reconnaissance vous est également dûe à tous les deux.

« Tu te jactes de ma visite à l'époque de ma mise en liberté ; quelle petitesse ! mais personne n'ignore que tu étais à Aurillac le dieu du mal, devant lequel tout le monde s'inclinait. J'ai pu céder à l'exemple.

« Enfin, tu me traites *de drôle, de coquin et de scélérat.* C'est à tes concitoyens et aux miens à juger qui mérite le mieux ces titres ; au surplus l'habitude des forfaits s'allie assez bien avec ces sales expressions ; et comme l'estime des scélérats déshonore l'homme vertueux, je serais fâché d'avoir la tienne et celle de tes semblables.

« Homme de sang et de proie, rentre dans ton cachot ; vis-y de remords et des maux que tu as faits à tes concitoyens ; médites-y des assassinats et des proscriptions ; cherche à allumer le feu de la guerre civile dans ta patrie, c'est la pâture des bêtes féroces comme toi. Réponds, si tu le veux, à ma défense ; distille à ton aise le fiel de la calomnie dans tes libelles :

quant à moi, je ne te réponds plus, et je déclare que je t'abandonne à l'exécration publique, et à la justice à laquelle seule désormais tu n'as qu'à répondre.

« François COLINET. »

EXTRAIT DES REGISTRES DU DIRECTOIRE DU CANTAL.

Séance du 12 mars 1792.

La municipalité ayant été prévenue que par suite de ce qui s'était passé la veille dans la ville, un grand rassemblement d'hommes armés devait venir des paroisses voisines, envoya une députation au Directoire du département pour l'en informer et aviser aux moyens à prendre.

Le Directoire, considérant qu'aucune garde nationale ne doit dépasser les limites de son territoire sans une réquisition expresse de l'autorité civile, qu'aucune réquisition n'ayant été faite, elles se rendraient coupables en s'y transportant malgré la prohibition de la loi... Arrête : d'envoyer sur-le-champ des commissaires aux commandants des gardes nationales qui se proposent de venir à Aurillac et aux municipalités dont elles dépendent pour le leur défendre au nom de la loi et sous leur responsabilité de mettre à exécution ce projet. MM. Marmontel et Lamouroux, nommés commissaires du Directoire, partirent à l'instant, porteurs de cet arrêté et de lettres écrites par le Directoire aux officiers municipaux d'Arpajon et au commandant de la garde nationale de cette paroisse où l'on avait appris que se formait un rassemblement.

« Le Directoire, continuant à siéger jusqu'à leur retour, prévient la municipalité de la mesure qu'il venait de prendre.

MM. Lamouroux et Marmontel, de retour, ont rendu compte de leur mission :

« Arrivés au bourg d'Arpajon, vers les deux heures et demie, ils ont trouvé sur la place un grand rassemblement d'hommes armés et s'étant aussitôt rendus à la mairie où était réunie la municipalité, ils ont remis au maire les dépêches dont ils étaient porteurs, ont fait appeler le commandant de la garde nationale (1) et lui ont remis l'arrêté du Directoire, le commandant est sorti pour aller en faire lecture au rassemblement et les inviter à se retirer; il est rentré quelques instants après en disant que les citoyens refusaient d'obéir à l'arrêté du département et à la réquisition et invite les commissaires et la municipalité à se transporter au lieu du rassemblement où leur présence serait peut-être plus efficace.

(1) Le commandant était Milhaud.

Ceux-ci s'y étant rendus ont requis les citoyens, au nom de la loi, de se retirer... disant que tout était tranquille à Aurillac, que leur présence ne pourrait qu'y occasionner des troubles, qu'en désobéissant aux corps constitués ils se rendraient souverainement coupables, que la Constitution dont ils se disaient les amis, n'avait armé les gardes nationales pour qu'elles ne fissent usage de leurs armes que dans le cas d'une réquisition... mais que toutes ces observations avaient été vaines; que les citoyens, exaltés, égarés, ont répondu que leurs frères d'Aurillac avaient été insultés, que des fenêtres de la maison du sieur Niocel on avait tiré sur eux des coups de feu, la nuit dernière, qu'ils étaient réunis et que rien n'était capable de les arrêter, qu'ils voulaient que leur commandant et la municipalité les accompagnassent, que les commissaires étaient libres de rester derrière ou de marcher avec eux, mais qu'ils ne voulaient pas qu'ils prissent le devant... et aussitôt ils sont partis pour Aurillac.

Les commissaires et la municipalité douloureusement affectés de cette désobéissance insigne, sont entrés dans la maison du maire, mais qu'un peloton de gardes nationaux les y a suivis, réclamant le commandant qui s'y était enfui et caché, qu'on le savait, qu'ils sauraient le forcer à marcher avec eux, qu'ils voulaient aussi que deux membres de la municipalité les accompagnassent et que toute résistance serait inutile... ce qu'ils ont fait...

Pendant ce rapport, un membre de la municipalité d'Aurillac est entré et a dit qu'une troupe très considérable de gens armés s'est portée sur la place publique et s'est rangée en face de la maison commune, que les membres du conseil ont tenté en vain de les faire retirer en les rappelant à l'obéissance de la loi ; que cette troupe s'est porté vers la prison, disant qu'elle voulait s'assurer de la personne du sieur Colinet qui y était détenu, que ce citoyen en ayant été extrait, quelques-uns ont réussi à l'introduire dans la maison commune dont ils ont fermé les portes aussitôt, mais que cette troupe armée et furieuse le demandait à grands cris, qu'elle avait enfoncé les portes de la maison commune, qu'un détachement s'y était introduit et recherchait le sieur Colinet pour lui trancher la tête.

Tous les membres du Directoire du département se sont aussitôt transportés à la maison commune dont les portes étaient gardées par des gens armés de fusils, de piques, de hâches, fourches à pointes de fer, serpes manchées avec de longs bâtons. Le procureur-général-syndic a réussi à pénétrer et tous les autres membres ont été répoussés avec menaces, mais plusieurs de ces furieux s'étaient déjà saisis de la personne du sieur Colinet et se l'arrachaient à l'envi ;

ils l'ont traîné hors de la maison commune, sur la place, où on lui a tranché la tête.

Les membres du Directoire reconnaissant que rien n'était capable d'arrêter la fougue de ces gens armés, se sont retirés dans la salle de leurs séances et, sur-le-champ, ils ont écrit au ministre de l'intérieur pour l'informer de ce qui venait de se passer (1).

(1) Archives d'Aurillac.

TABLE DES MATIÈRES

SAINT-AMAND (CHER). — IMPRIMERIE SAINT-JOSEPH

www.ingramcontent.com/pod-product-compliance
Lightning Source LLC
Chambersburg PA
CBHW072048080426
42733CB00010B/2036